KATRIN BECKMANN

Die Kraft der Achtsamkeit für pflegende Angehörige

Selbstfürsorge und praktische Hilfe
für Angehörige von Demenzerkrankten

IRISIANA

Inhalt

Einleitung

Liebe pflegende Angehörige, lieber pflegender Angehöriger,

wie schön, dass du dich für diesen Ratgeber entschieden hast. Damit zeigst du, dass dir nicht nur dein an Demenz erkrankter Angehöriger am Herzen liegt, sondern dass auch du selbst dir wichtig bist.

Warum solltest du als pflegender Angehöriger besonders auf dich achten? Wer einen an Demenz Erkrankten pflegt, leistet viel und geht oft über seine Grenzen. Gleichzeitig erfährt der Pflegende selten die nötige Anerkennung oder erhält nicht die Unterstützung, die so dringend gebraucht würde. Die beiden Corona-Jahre und ihre Auswirkungen haben für zusätzliche Belastungen gesorgt. Und doch legt fast jeder Ratgeber, fast jede Broschüre den Fokus auf den Erkrankten, nicht auf den Pflegenden. Das möchte ich mit diesem Buch ändern: Denn Angehörige sollten sich bewusst und ganzheitlich um ihre eigenen Bedürfnisse kümmern, da es sonst zu Erschöpfung oder schwereren Folgen kommen kann.

Einen Menschen mit Demenz im häuslichen Umfeld zu versorgen, verändert alles. Nicht nur das Leben des Betroffenen, sondern auch das des Pflegenden. Sich auf all die gravierenden Veränderungen einzulassen, erfordert nicht nur viel Mut und Geduld, sondern auch eine Menge Verständnis und Einfühlungsvermögen. Sich dabei selbst nicht zu verlieren und sein Leben so weit wie möglich aufrechtzuerhalten, ist eine andere, nicht zu unterschätzende Herausforderung. Hier kann dich die Kraft der Achtsamkeit nicht nur bei den vielen Aufgaben stärken, die auf dich zukommen, sondern sie hilft dir auch, Selbstfürsorge in dein Leben zu integrieren. Dieser Ratgeber bietet dir in diesem Sinne neben Aufklärung und Information vor allem Verständnis, Anerkennung und dringend benötigte praktische Anregungen für den Alltag mit deinem demenzerkrankten Angehörigen.

Zuerst erfährst du, welche tiefgreifenden Veränderungen für dich und deinen Angehörigen mit der Erkrankung einhergehen und wie wichtig deine Rolle dabei ist. Ich erkläre dir, wie du mit dieser neuen Situation umgehen kannst, ohne deine eigene Gesundheit zu gefährden. Du bekommst achtsame Methoden der Selbstfürsorge an die Hand und lernst ohne viel Aufwand, mehr Achtsamkeit in deinen Alltag einzubauen und nachhaltig mit Stress umzugehen. Dich erwarten neben vielfältigen Übungen und Anregungen außerdem hilfreiche Selbstreflexionen, die dich unterstützen, Sorgen und Ängste aufzulösen, deine innere Widerstandskraft zu stärken und fit zu bleiben. Deine psychische Gesundheit spielt eine ebenso große Rolle wie dein körperliches Wohlbefinden.

Wie oben schon erwähnt: Durch die Demenz verändert sich vieles, vom Verhalten deines Angehörigen über Kommunikation bis hin zu Alltagsabläufen. Aber ich kann dir aus meiner langjährigen Erfahrung als Demenz-Coachin versichern, dass trotz der Erkrankung ein farbenfrohes Leben für euch beide möglich ist. Du erhältst viele Tipps, wie du deinem Angehörigen mit mehr Gelassenheit begegnen kannst, wie du zum Beispiel auf sein herausforderndes Verhalten reagierst, ohne selbst in Stress zu geraten. Ich zeige dir, wie du die Bedürfnisse deines Angehörigen erkennst, ohne deine eigenen zu übergehen. Denn an dich selbst zu denken, ist nicht egoistisch, sondern überaus wichtig, um die bedeutende und fordernde Aufgabe der Pflege zu meistern.

Im letzten Teil gebe ich dir medizinische, finanzielle und juristische Informationen sowie Zahlen und Tipps zur Alzheimer-Demenz an die Hand – sofern du dich näher damit beschäftigen möchtest. Ich würde es dir empfehlen, denn je besser du informiert bist, desto leichter kannst du mit den schwierigen und unsicheren Situationen umgehen, die im Verlaufe der Erkrankung deines Angehörigen auf dich zukommen können.

Im ausführlichen Anhang findest du außerdem Adressen, Links und Literatur, also alles, was dir auf praktischer, bürokratischer und auch therapeutischer Ebene weiterhilft. Hier habe ich unter anderem die Kontaktdaten von den im Buch genannten Fachleuten und Anlaufstellen aufgelistet, wenn du mehr erfahren und/oder dein Netzwerk vergrößern möchtest.

Bevor du nun anfängst, diesen Ratgeber von vorn bis hinten durchzulesen: Mach dich als Erstes mit dem Inhaltsverzeichnis vertraut. Welches Thema interessiert dich gerade brennend? Der Ratgeber ist so strukturiert, dass du mit dem Thema oder Kapitel beginnen kannst, das dich besonders anspricht. Ich empfehle dir, dir ausreichend Zeit zum Lesen zu nehmen, damit du wirklich etwas von dieser Lektüre haben wirst. Such dir einen gemütlichen Platz aus, an dem du möglichst ungestört bist, und genieß beim Lesen zum Beispiel ein warmes Getränk deiner Wahl wie Kaffee oder Tee. Vielleicht kannst du so bereits ein Selbstfürsorge-Ritual für dich schaffen, indem du dir eine halbe Stunde am Tag Zeit für dich und die Lektüre gönnst.

Bitte lies nicht nur passiv, sondern nutz die Reflexionen, die als solche im Text gekennzeichnet sind. So lernst du dich und deine Bedürfnisse besser kennen und findest heraus, welche Änderungen nötig sind, um euren Alltag zu vereinfachen und stressloser zu gestalten. Sei aktiv! Versuch die Aufgaben und Übungen zu verstehen und zu verinnerlichen. Du benötigst nicht viel, um sie in deinen Alltag zu integrieren, nur etwas Geduld und Zuversicht. Gern kannst du für einige Achtsamkeitsübungen eine separate Unterlage wie eine Yogamatte nutzen. Doch überanstreng dich nicht. Veränderung ist ein Prozess, und die Umsetzung der Übungen und Tipps braucht seine Zeit.

Jeder Mensch ist außerdem einzigartig, finde heraus, welche Übungen zu dir und deinem Leben passen. Dieser Ratgeber ist ein Leitfaden, doch der Experte für deinen Körper und deine Bedürfnisse bist allein du. Sei daher offen für Experimente und finde heraus, was für dich am besten funktioniert. Die meisten Übungen kannst du überall und jederzeit durchführen. Eine gute Idee ist es, Wichtiges zu markieren und dir Notizen zu machen. Aus eigener Erfahrung kann ich dir dazu zwei Möglichkeiten empfehlen, die sich auch gut miteinander kombinieren lassen:

- Interessante Stellen lassen sich gut mit Haftmarkern kennzeichnen.
- Nutz ein Notizbuch oder Journal, in dem du Denkanstöße festhältst. Das kannst du ebenfalls verwenden, um Erfahrungen mit verschiedenen Übungen aufzuschreiben. Vielleicht besorgst du dir einen Stift, mit dem du gerne schreibst und der stets griffbereit neben deinem Notizbuch liegt.

Mit diesem Buch möchte ich dir in erster Linie Kraft schenken, dich motivieren und dabei unterstützen, Achtsamkeit und Selbstfürsorge in deinem Leben anzuwenden. Vielleicht wirst du dich manchmal beim Lesen nachdenklich oder traurig fühlen. Aber insgesamt wirst du mit der Zeit eine wohltuende Veränderung in dir spüren. Nutz die Tipps in kleinen »Häppchen«, mach nicht alles auf einmal – aber selbst wenn etwas nicht nach Plan läuft, sei geduldig, probier eine Idee einfach nochmal aus und lass den Kopf nicht hängen. Feiere stattdessen jeden noch so kleinen Erfolg auf deinem Weg zu mehr Achtsamkeit.

Zur besseren Lesbarkeit ist dieses Buch im generischen Maskulinum geschrieben. Die genannten Personenbezeichnungen gelten, sofern nicht anders gekennzeichnet, natürlich für beide Geschlechter.

Plötzlich pflegende Angehörige

Als pflegender Angehöriger bist du für den Erkrankten ein Symbol der Stärke und Beständigkeit inmitten der Herausforderungen und Unsicherheiten der Demenz. Du stehst fest und unerschütterlich, auch wenn die Wellen der Schwierigkeiten um euch herum aufbranden. Du bist der sichere Hafen, zu dem dein erkrankter Angehöriger zurückkehren kann. Du bist die Konstante in seinem Leben, egal, wie sehr sich seine Umstände durch die Krankheit verändern mögen. Du bist die Quelle der Hoffnung und das Licht im Dunkeln. Deine Stärke liegt in deiner inneren Ruhe und Besonnenheit. Du bewahrst den Überblick, wenn alles chaotisch erscheint. Du bist geduldig und hältst durch, auch wenn es schwer wird. Du sorgst dafür, dass dein Angehöriger sich geliebt und gepflegt fühlt, egal, wie schwer die Zeiten sind.

Die große Herausforderung: zu Hause pflegen

Das klingt nach einer riesigen Aufgabe, richtig? Aber, und vielleicht tröstet dich und hilft dir dieser Gedanke: Du bist nicht allein. Demenz ist eine Erkrankung, die weite Teile der Bevölkerung betrifft, und es werden immer mehr Betroffene werden. Und die meisten Demenzerkrankten werden zu Hause gepflegt: Laut Statistischem Bundesamt wurden 2021 über 80 Prozent der pflegebedürftigen Personen zu Hause versorgt, rund 60 Prozent davon überwiegend durch die eigenen Angehörigen. Pflegende Angehörige sind überwiegend Frauen, die sich liebevoll, meist noch neben dem Beruf und/oder eigener Familie mit Kindern, um den Betroffenen kümmern und die Pflege zusätzlich zu ihrem Alltag organisieren. Was für eine Leistung!

Ein Grund für diese denkbar schwierigen Umstände ist: Ein Umzug in ein Heim kommt für die meisten Erkrankten nicht in Frage. Sie haben Angst vor dem Alleinsein, der Hilflosigkeit und dem Angewiesensein auf fremde Hilfe. Auch für die Angehörigen ist eine Unterbringung in einem Seniorenheim oft keine Option. Es sind weniger die hohen Kosten, die bei dieser Entscheidung eine Rolle spielen, sondern überwiegend der Wunsch, jemanden, den man liebt, in vertrauter Umgebung zu versorgen und nicht fremden Händen zu überlassen.

Doch für die Pflege eines Angehörigen reichen allein Zuneigung, Optimismus und Tatkraft nicht aus. Du brauchst viel Kraft, und ihren Erhalt musst du pflegen – das bedeutet, du musst dich bewusst um Selbstfürsorge kümmern. Lass uns mit den ganz praktischen Dingen beginnen, mit den Veränderungen, die auf dich zukommen, und der Organisation des Alltags. Denn hier beginnt bereits Selbstfürsorge – auf ganz pragmatischer Ebene.

Ein Anker: Organisation und Zeitmanagement

Die Diagnose Demenz verschafft zwar Klarheit, ist für viele Angehörige aber niederschmetternd. Wie es sich anfühlt, plötzlich aus dem gewohnten Lebensrahmen herausgerissen und in diese unbekannte Situation hineingeworfen zu werden, ist für Außenstehende nur schwer nachvollziehbar. Viele Angehörige, wie vielleicht auch du, erleiden nach Erhalt der Diagnose einen regelrechten Schock und brauchen selbst Unterstützung, um die neue Situation zu realisieren und zu verkraften.

Tausende von Fragen stellen sich und sind zunächst kaum zu beantworten: Was kommen für Veränderungen im Alltag auf mich zu? Wie kann ich mit der Erkrankung und der damit verbundenen Verantwortung richtig umgehen? Das Gedankenkarussell ist nur schwer zu stoppen. Zu viele Fragen versperren oftmals die Sicht auf das Ganze. In Zukunft heißt es, euer bisheriges Leben mit Kindern, Enkeln, Garten, Haustieren oder Beruf mit der

Pflegesituation zu vereinbaren. Über allem darfst du dich selbst nicht vergessen. Es wäre fatal, wenn du vor lauter Einsatz für deinen Angehörigen auf der Strecke bleiben würdest. Ich zeige dir, wie du im Chaos den Fokus auf das Wesentliche richtest. So kannst du gestärkt und Schritt für Schritt an die Umsetzung gehen.

Selbstfürsorge erhält die Gesundheit

Leider passiert es häufig, dass sich pflegende Angehörige von ihrer Umwelt, also Freunden und Familie, abkapseln und isolieren. Mangelnde soziale Kontakte katapultieren sie in eine Abwärtsspirale von Überlastung und Erschöpfung. Ich kann es nur wiederholen: Um eine gute und liebevolle Pflege gewährleisten zu können, muss in erster Linie derjenige, der pflegt, in jeder Hinsicht gesund bleiben. Je besser du für dich sorgst, umso besser kannst du für andere da sein. Dazu gehört es, dich über das Thema Demenz genau zu informieren, um zu wissen, wie du Stress in der häuslichen Pflege von Anfang an weitgehend vermeiden kannst. Im Infoteil, Basiswissen Demenz ab Seite 149 findest du wichtige Informationen zu diesem Themenbereich.

Um alles unter einen Hut zu bringen, benötigst du eine durchdachte Organisation und ein funktionierendes Zeitmanagement. Darüber hinaus wird dich die Pflege nicht nur körperlich, sondern auch emotional in Anspruch nehmen. So wird es nicht immer einfach sein, die eigene Gesundheit im Blick zu behalten und sich aktiv darum zu kümmern. Finanziell kann sich die Pflege ebenfalls auswirken, doch damit stehst du nicht allein da. Es gibt von verschiedenen Seiten Unterstützungsmöglichkeiten. Wegen der Informationsfülle im Internet braucht es manchmal etwas Geduld und Zeit, um hilfreiche Tipps und Adressen zu finden. Und schließlich nicht zu vergessen: Die Kommunikation zwischen dir und deinem Angehörigen kann zur Herausforderung werden, hier kann dir die Achtsamkeit beim Erkennen und Wahren deiner Bedürfnisse und Grenzen helfen. Zu allen diesen Aspekten wirst du in den kommenden Kapiteln Anregungen, konkrete Unterstützung und Informationen finden.

Ein Plan für das kaum Planbare

Deinen Tagesablauf solltest du vollständig an deinen Angehörigen anpassen; das ist eine unabänderliche Notwendigkeit. Den meisten Angehörigen hilft ein übersichtlicher Plan (siehe Kasten unten) an dem sie sich orientieren können. Wenn wir wissen, wie wir gezielt mit der Erkrankung und den kommenden Veränderungen umgehen können, können wir uns selbst und unseren Angehörigen besser verstehen und trotz der Erkrankung weiterhin gemeinsam viele schöne Momente erleben. Ein Pflegeplan für zu Hause berücksichtigt die individuellen Bedürfnisse und Vorlieben des Pflegebedürftigen. Zur Orientierung, wie so ein Plan aussehen kann und was er beinhalten sollte, schau dir bitte den folgenden Musterpflegeplan an.

MUSTERPFLEGEPLAN

BEURTEILUNG UND BEDARFSANALYSE

- Durchführung einer umfassenden Bewertung der körperlichen, geistigen und emotionalen Bedürfnisse der pflegebedürftigen Person
- Ermittlung der vorhandenen Fähigkeiten und möglicher Einschränkungen
- Identifizierung von Risikofaktoren und eventuellen Sicherheitsbedenken

KÖRPERPFLEGE

- Unterstützung beim An- und Auskleiden
- Hilfestellung bei der täglichen Körperpflege, wie beim Waschen (inkl. Baden, Duschen), Zähneputzen und der Haarpflege
- Überwachung der Hautgesundheit und Vorbeugung von Druckgeschwüren (Dekubitus): entsteht, wenn Haut und Gewebe aufgrund von anhaltendem Druck durch einseitige Stellungen wie beim langen Liegen oder Sitzen schlecht durchblutet und geschädigt werden. Regelmäßige Druckentlastung ist deswegen unbedingt notwendig.

ERNÄHRUNG

- Planung und Zubereitung von nährstoffreichen Mahlzeiten, entsprechend den individuellen Ernährungsbedürfnissen des Angehörigen
- Falls nötig: Unterstützung bei der Nahrungsaufnahme
- Überwachung der Flüssigkeitsaufnahme

MEDIKAMENTENMANAGEMENT

- Organisation und Verwaltung benötigter Medikamente
- Überwachung der Einnahme von Medikamenten (inkl. richtiger Dosierung)
- Kontakt mit Hausarzt und Apotheke bei Fragen und Unsicherheiten bezüglich Unverträglichkeit, Wechsel- oder Nebenwirkungen von Medikamenten

MOBILITÄT UND BEWEGUNG

- Unterstützung beim Gehen, Aufstehen oder Treppensteigen
- Durchführung körperlicher Aktivitäten, um Beweglichkeit und den Gleichgewichtssinn zu fördern (regelmäßige Spaziergänge, Übungen zur Sturzprophylaxe, Wassergymnastik, Seniorentanz)
- Wenn erforderlich: Einsatz von Hilfsmitteln (Gehhilfe, Rollator, Rollstuhl)

SOZIALE INTERAKTION UND GEISTIGE ANREGUNG

- Förderung sozialer Kontakte und Teilnahme an Aktivitäten (gemeinsames Kochen, Ausflüge mit Bus oder Bahn, Austausch mit Freunden und Familie, Stammtisch, Besuch von Tieren, die man vielleicht selbst einmal gehabt hat)
- Hilfe bei der Ausübung von früheren Hobbys und Interessen sowie Teilnahme an Veranstaltungen und Festen

HAUSWIRTSCHAFTLICHE UNTERSTÜTZUNG

- Hilfe beim Haus- oder Wohnungsputz, Wäschewaschen und Abspülen
- Sicherstellung eines unfallfreien und sauberen Wohnraums

UNTERSTÜTZUNG BEI TERMINPLANUNG UND KOORDINATION

- Koordination von Arzt-, Vorsorge- und Therapieterminen
- Prüfung und ggf. Bereitstellen der Transportmöglichkeiten
- Hilfe bei der Organisation von Pflege- und Betreuungsmöglichkeiten

ÜBERWACHUNG UND DOKUMENTATION

- Regelmäßiger Check des Gesundheitszustands und der Vitalwerte (Blutdruck, Blutzucker, Fieber)
- Dokumentation von Veränderungen oder Symptomen mithilfe eines Pflegetagebuches (siehe Seite 13)

UNTERSTÜTZUNG BEI DER PSYCHO-SOZIALEN BETREUUNG

- Dem Angehörigen nicht alles abnehmen, Selbstständigkeit fördern
- Seniorentablet als digitaler Alltagsbegleiter als wertvolle Unterstützung: sorgt für mehr Gesellschaft und motiviert dich und deinen Angehörigen, aktiv und gesund zu bleiben (siehe App- und Software-Tipp im Anhang, Seite 183)
- Einbeziehung von Familienmitgliedern, Bekannten, Freunden, um abwechselnde Betreuungszeiten zu organisieren, für Entlastung, Normalität und Lebensfreude im Alltag

Das Pflegetagebuch

Sobald du vermehrt Tätigkeiten für deinen Angehörigen übernimmst, empfehle ich dir, ein Pflegetagebuch anzulegen. Darin schreibst du jede Maßnahme auf, die du an deinem Angehörigen ausübst – mit Datum und Uhrzeit. Schreib auch auf, wie viel Zeit du für die Unterstützung gebraucht hast.

Klingt anstrengend, ist aber eine wertvolle Möglichkeit, dem Gutachter bei der Prüfung des Medizinischen Dienstes aufzuzeigen, wie viel Unterstützung dein Angehöriger tatsächlich benötigt und wie oft und wie lange du am Tag mit diesen Aufgaben beschäftigt bist. Der Medizinische Dienst entscheidet darüber, welchen Pflegegrad dein Angehöriger bekommt, dies ist also essenziell. Selbst wenn dein Angehöriger an dem Tag der Begutachtung Defizite überspielt und den Pflegebedarf leugnet, was aus Scham häufig vorkommt, kannst du dem Gutachter ganz entspannt eine Übersicht der letzten Wochen zeigen, um den Pflegebedarf zu belegen.

Reflexionen als wertvolle Unterstützung

Von nun an werden sich euer gemeinsames Leben und euer Alltag verändern. Auch wenn du noch nicht weißt, wohin eure Reise genau geht, hab keine Angst. Zu Beginn mag dir vielleicht alles wie ein schwer erklimmbarer Gipfel vorkommen, doch auch eine Bergbesteigung beginnt mit dem ersten Schritt. Mit der Zeit wirst du alle denkbaren Hürden und Herausforderungen meistern. Die nötige psychische und mentale Ausrüstung, damit du selbst gesund und gelassen bleiben kannst, erhältst du in den folgenden Kapiteln. Ich bin sicher, du schaffst das!

Im gesamten Buch findest du immer wieder Übungen, sogenannte Selbstreflexionen. Überblätter sie bitte nicht. Nimm dir dafür Zeit, denn hier geht es um dich und dein Wohlbefinden. Selbstreflexion ist letztendlich ein achtsames und offenes Gespräch mit dir selbst. Eine bewusste, geführte Selbstreflexion unterstützt dich und hilft dir, über dich selbst nachzudenken, indem du dich tief im Inneren erforschst und fragst, wer du bist, wie und warum du denkst, fühlst und handelst, wie du es tust. Die ehrlichen

Antworten auf diese Fragen zeigen wichtige Aspekte deiner Persönlichkeit und können dir helfen, dein Verhalten in bestimmten Situationen zu untersuchen. Du kannst deine Stärken und Schwächen erkennen, wahrnehmen, wie du wirklich über dich denkst und welche Wünsche, Bedürfnisse und Ziele du im Leben hast. Je häufiger du dich selbst reflektierst, desto besser lernst du dich kennen, kannst aktuelle Situationen hinterfragen und sogar neue Wege gehen. Und Übung macht auch hier den Meister: Mit der Zeit wird es dir leichter fallen, ehrlich mit dir selbst zu sein. Und du verbesserst nicht nur die Beziehung zu dir selbst, sondern auch zu anderen. Dein Selbstbild wird klarer, du kannst dich immer mehr auf dich und dein inneres Gefühl verlassen und fühlst dich glücklicher, leichter und zufriedener.

Führe regelmäßig, egal, in welcher Lebenslage oder Situation du dich befindest, eine Selbstreflexion durch. Das ist deine achtsame Auszeit, die du dir idealerweise zu festen Zeiten wie beispielsweise vor dem Zubettgehen nimmst. Trag dir diesen Zeitraum in deinen Terminkalender oder in eine Erinnerungs-App als feste Verabredung mit dir selbst ein. Denn nur die regelmäßige Durchführung kann dich darin unterstützen, eine positive Veränderung in allen Bereichen deines Lebens wahrzunehmen.

Jeder Tag ist anders

Ich habe noch ein paar Tipps für dich, wie du Selbstreflexion auf andere Weise in deinen Alltag einbauen kannst. Eine Praxis, die ich selbst seit Jahren regelmäßig durchführe, möchte ich dir besonders empfehlen: Lass abends vor dem Zubettgehen deinen Tag Revue passieren. Indem du die vielen Momente des Tages noch einmal vor deinem inneren Auge ablaufen lässt, sortierst du deine Gedanken vor dem Einschlafen. Wie ist der heutige Tag verlaufen? Wie hast du dich gefühlt? Was hast du als angenehm empfunden, und welche Situationen haben dich gestresst? Worüber hast du dich vielleicht geärgert? Welche Situation bringt dich immer wieder aus dem Gleichgewicht und raubt dir deine Nerven? Wie hast du reagiert? Hast du dich später über deine Reaktion geärgert? Und zum Thema Selbstfürsorge frag dich zum Beispiel: Konntest du heute Zeit für dich finden? Was hat dir ein Lächeln ins Gesicht gezaubert? Hattest du vielleicht ein aufbauendes Telefonat? Hast du dir endlich mal wieder die Zeit genommen, um in deinem Lieblingsroman zu lesen?

Du wirst beim Aufschreiben sehen: Es ist nicht jeder Tag gleich, sondern jeder Tag ist besonders und einmalig. So kannst du dein Gedankenkarussell bremsen und garantiert besser zur Ruhe kommen, um in einen erholsamen Schlaf zu fallen. Wenn der Tag sehr herausfordernd war, notier, was so anstrengend war, und betrachte das Geschriebene. Dadurch lernst du, dich auf die positiven Momente zu fokussieren, dich an kleinen Dingen zu erfreuen und dankbar dafür zu sein.

Oder triff dich einmal in der Woche mit einem Menschen deines Vertrauens wie einer guten Freundin, die dir zuhört, mit der du offen deine Gedanken teilen kannst und von der du eine ehrliche und verständnisvolle Rückmeldung erhältst. Das kann dir helfen, dich noch besser zu verstehen und in Stresssituationen gelassener zu bleiben.

Zu guter Letzt: Die »klassische« Selbstreflexion schenkt dir viele achtsame Momente, in denen du mehr Verständnis und Klarheit für dich und dein Leben erhältst. Deshalb kann die regelmäßige und bewusste Selbstreflexion zu einem erfüllten und zufriedeneren Leben voller Liebe zu dir und zu mehr Achtsamkeit in deinem Leben führen. Hier noch einmal die Vorteile für dich im Überblick:

Selbstreflexion stärkt:

- Selbstbewusstsein
- Selbstwahrnehmung
- Persönliche Entwicklung
- Problemlösungsfähigkeit
- Selbstakzeptanz
- Gelassenheit
- Beziehung zu sich selbst und zu anderen

Alles klar, oder? Lass uns doch gleich mit der ersten Reflexion starten, damit du mehr über dich selbst erfährst. Du kannst hierfür dein Notizbuch oder Journal mit deinem Lieblingsstift einweihen. Horch in dich hinein und stell dir die folgenden Fragen. Ob du schon die Antworten kennst oder länger darüber nachdenken musst – alles ist in Ordnung, wichtig ist nur, dass du reflektierst.

Deine Wünsche und Bedürfnisse

- Was ist dir wichtig im Leben?
- Was sind deine Wünsche und Bedürfnisse im Alltag?
- Gibt es tägliche Rituale, die dir wichtig sind?
- Worauf möchtest du nicht verzichten?

Nun hast du schon einen großen Schritt in Richtung Selbstfürsorge getan, indem du dir deine Wünsche und Bedürfnisse klarer gemacht hast. Ein weiterer wichtiger Schritt ist, dich ausführlicher mit der Krankheit deines Angehörigen auseinanderzusetzen, ganz nach meinem Motto: »Erkenntnis schafft Verständnis.« Dieses Verständnis wird deinen Stress gewaltig reduzieren, weil du manche Reaktionen deines Angehörigen nicht mehr persönlich nehmen musst, sondern sie als Symptome der Krankheit einordnen kannst. Im Infoteil ab Seite 159 erfährst du alles Wichtige über den Verlauf und die verschiedenen Stadien der Demenz. Wenn du mehr über die Krankheit wissen willst, habe ich dir darüber hinaus im Anhang informative Literatur und Links zu unterstützenden Organisationen und Vereinen aufgelistet.

Besonders wenn die Demenz deines Angehörigen fortschreitet, kann dich vielleicht dies trösten: Ein Herz wird nicht dement. Liebe ist grenzenlos, selbst wenn das Schweigen deines Angehörigen dich verunsichert oder er dich nicht mehr erkennt. Sei so gut für deinen Angehörigen da, wie es dir möglich ist, ohne dich selbst aus dem Blick zu verlieren, halte seine Hand, wenn Worte keinen Sinn mehr machen, und genieß die gemeinsamen Augenblicke. Wir können die Zeit nicht anhalten oder zurückdrehen. Auch wenn wir eines Tages Abschied nehmen müssen, wird die Erinnerung an diese schönen Momente in deinem Herzen verankert sein und dir Kraft geben. Deswegen ist es wichtig, dass du dir eine innere Haltung aneignest, die dir auch während der Pflegezeit Kraft und Zuversicht gibt. Mit den nächsten Kapiteln möchte ich dich darin unterstützen.

Du musst nicht perfekt sein

> *Achte darauf, dass das Leben, das du lebst, auch dein eigenes ist.*
>
> KATRIN BECKMANN

Die Diagnose Demenz erfordert die Entscheidung, für unseren Angehörigen da zu sein und ihn zu begleiten. Dabei ist uns oft gar nicht klar, wie maßgeblich sich unser Leben verändern wird. Viele Pflegende versuchen zunächst mit aller Macht, das gewohnte Leben aufrechtzuerhalten. Sie thematisieren die Erkrankung und die Veränderungen nicht, ignorieren die Tatsachen oder hoffen auf Heilung, die es nach dem momentanen Stand der modernen Medizin noch nicht gibt. Andere wiederum stürzen sich mit ihrer ganzen Kraft in die vielfältigen Aufgaben der Pflege. Für den anderen da zu sein, ihn zu unterstützen, fällt ihnen nicht schwer und hat oberste Priorität. Eigene Bedürfnisse werden klaglos hintangestellt. Alles muss perfekt sein, damit es dem Liebsten an nichts fehlt.

Erkennst du dich vielleicht in einer der obengenannten Verhaltensweisen wieder?

Jede dieser Reaktionen ist verständlich, ist menschlich. Doch weder Perfektionismus noch das Ausblenden der Realität bringt dich in dieser Situation weiter, sondern reibt dich tatsächlich auf. Sei dir darüber im Klaren: Einen demenzerkrankten Angehörigen zu Hause zu versorgen, bedeutet weitaus mehr, als nur für jemanden da zu sein und ihm mit kleinen Gefallen behilflich zu sein. Möglicherweise bist du noch berufstätig oder hast selbst schon körperliche Beschwerden, die für Einschränkungen und Schmerzen sorgen. Diese erwähnst du jedoch nicht, denn du willst niemandem zur Last fallen, keine Schwäche zeigen und bist überzeugt, dass du alles allein schaffst. Aber eines vergisst du dabei: Wenn du dich um dich selbst kümmerst, hat das nichts mit Egoismus zu tun, denn nur wenn es dir gut geht, kannst du gut und auf Dauer für deinen Angehörigen sorgen.

Ein paar Zahlen, um deine Situation in einen größeren Bezugsrahmen zu stellen: Laut Bundesamt für Familie, Senioren, Frauen und Jugend gab es 2020 4,8 Millionen pflegende Angehörige in Deutschland. Knapp über die Hälfte davon, ganze 2,5 Millionen, gehen einer Beschäftigung nach. Der Hauptanteil der Pflegepersonen liegt mit 70 Prozent bei den Frauen. Für sie ist es aus verschiedenen Gründen oft selbstverständlich, eigene Wünsche und Bedürfnisse zurückzustellen und sich neben dem Beruf, den Kindern und dem Haushalt noch um den pflegebedürftigen Angehörigen zu kümmern. Darüber hinaus wird diese Aufopferung in vielen Familien sogar erwartet. Was Frauen hier zu stemmen haben, geht bei Weitem über eine Doppelbelastung hinaus, was fatale Folgen für ihre psychische wie auch körperliche Gesundheit haben kann.

Aus dem Anspruchskarussell aussteigen

Bist du also wie so viele Pflegende vielleicht der Meinung, dass du immer für deinen Angehörigen da sein musst, koste es, was es wolle? Oder kann es sogar sein, dass dich Schuldgefühle belasten? Dass du glaubst, du hättest vielleicht etwas tun können, um der Demenz entgegenzuwirken? Gedanken dieser Art treiben ein Hamsterrad an, das dich zwingt, noch mehr zu tun, als du es ohnehin schon tust. Du solltest dir darüber bewusst sein: Es ist nicht deine Schuld, dass sich dein Angehöriger in dieser Situation befindet. Du bist gut genug und wertvoll, allein deswegen, weil es dich gibt. Du musst weder dir noch anderen etwas beweisen. Ist dir überhaupt klar, was du tagein, tagaus leistest? Neben der Pflege deines Angehörigen gibt es täglich eine Menge Aufgaben, die du zusätzlich über den Tag hinweg erledigst. Vielleicht arbeitest du noch, kümmerst dich um Haushalt und Garten, um Haustiere, Kinder, Enkel – und hoffentlich um dich. Dabei solltest du gar nicht am Schluss dieser Aufzählung auftauchen, denn ohne dich würden alle vorherigen Tätigkeiten gar nicht stattfinden. Schreib dir in der nächsten Übung – am besten in dein Notizbuch – auf, was du alles in deinem Alltag leistest. Du wirst verblüfft sein, was für einen Marathon du täglich hinter dich bringst. Vielleicht wird dir klar: Ohne dich geht es einfach nicht!

Dein täglicher Einsatz

In welchen Lebensbereichen bin ich im Einsatz (Haushalt, Arbeit, Pflege, Hof/Garten, Kinder- oder Enkelerziehung und Betreuung, ehrenamtliche Arbeit usw.)?

Welche Arbeiten führe ich in diesen Bereichen regelmäßig aus, und wie viel Zeit wende ich täglich dafür auf?

Was bedeutet es, authentisch zu sein?

Sei echt und lebe dein Original. Das ist ein liebevoller Appell, authentisch gegenüber dir selbst zu sein.

KATRIN BECKMANN

Warum ist es so wichtig, authentisch zu sein, und was kann dir dabei helfen? Gehen wir von der Wortbedeutung aus: *Authentikós* kommt aus dem Griechischen und bedeutet »richtig« oder »zuverlässig«. In unserem Sprachgebrauch bedeutet authentisch, unverfälscht oder echt zu sein. Das ist der Fall, wenn du deine Emotionen, Meinungen, Prinzipien, Werte und Überzeugungen genau kennst und dich daran orientierst. Authentizität ist auf keinen Fall Perfektion, das muss klar sein! Sie schließt vielmehr ein, dich nicht in eine Form pressen zu lassen und den Erwartungen anderer entsprechen zu wollen oder zu müssen. Du drückst deine Gedanken und Gefühle aus und stehst dazu, ohne Angst vor der Meinung anderer. Authentizität ist die Grundlage dafür, dass du auf dich achtest, deine Grenzen wahrst, für deine Bedürfnisse einstehst und dich nicht von anderen Menschen und deren Meinung einschränken lässt. Wenn du authentisch bist, werden Menschen, die es gut mit dir meinen, das auch an dir zu schätzen wissen.

Doch was sich so schön auf dem Papier liest, kann zunächst eine echte Aufgabe sein. Eine Aufgabe, die du Schritt für Schritt angehen kannst – und die Kraft der Achtsamkeit unterstützt dich dabei, deine Einzigartigkeit ohne Scham und Scheu zu leben. Hier schon mal einige wertvolle Tipps für dich:

- **Selbsterkenntnis**: Verbringe bewusst Zeit mit dir, um dich wahrzunehmen und dich besser zu verstehen. Hierbei kann dir – natürlich – Selbstreflexion helfen.
- **Werte definieren**: Es ist wichtig, die eigenen Motive und Werte zu kennen, damit du authentisch sein kannst. In der Pflegesituation, die dich enorm fordern wird, ist das intensive Nachdenken über

dich selbst unerlässlich, um dich nicht aufzureiben. Statt dich darauf zu konzentrieren, was Nachbarn oder Bekannte denken könnten, leg den Fokus auf dich und deinen Angehörigen. Was wollt und braucht ihr? Welche Werte möchtest du in deinem Leben verwirklichen? Was tut euch gut? Diese Haltung wird eure Zufriedenheit und euer Wohlbefinden steigern. Das ist doch schon das beste Argument dafür, lieber echt als perfekt sein zu wollen, oder?

- **Selbstakzeptanz:** Akzeptier deine Stärken und Schwächen. Wir alle sind unvollkommen, und das ist auch gut so. Statt dich ständig zu kritisieren, üb dich darin, nachsichtiger mit dir selbst umzugehen.
- **Selbstausdruck:** Finde eine Art, dich selbst auszudrücken, durch ein Hobby, durch Vorlieben.
- **Echte Beziehungen:** Umgib dich nur mit Menschen, die dir guttun und dich schätzen. So kannst du dich frei entfalten und geben, wie du bist. Du steigerst außerdem dein Selbstwertgefühl und dein Wohlbefinden.
- **Grenzen setzen:** Es ist entscheidend, dass du nicht nur deinem Angehörigen, sondern auch anderen Menschen Grenzen setzt und ihnen freundlich, aber bestimmt zu verstehen gibst, warum und wann etwas für dich nicht akzeptabel ist.
- **Dankbarkeit:** Schätze das, was du hast und dich umgibt. Praktizier Dankbarkeit und lass sie zu einer täglichen Gewohnheit werden. So lernst du die kleinen Freuden wieder zu schätzen. Je mehr du dein Leben auf Dankbarkeit ausrichtest, desto mehr lernst du, dich selbst zu respektieren, und feierst deine Einzigartigkeit. Dein Leben wird sich leichter und unbeschwerter anfühlen, du wirst kraftvoll hinter dir stehen. Vergiss dabei bitte nicht, dir Zeit zu geben und dich in Geduld zu üben. Es ist ein Prozess, der seine Zeit beansprucht.

Zurück zur Authentizität: Definitiv wird dein Angehöriger von deiner Echtheit profitieren. Deine Authentizität bildet die Grundlage für eure ehrliche Beziehung voller Vertrauen. Der zu Pflegende wird sich bei dir sicher und unterstützt fühlen und keine Angst haben, dir seine Sorgen oder Bedürfnisse mitzuteilen. Offen darüber zu sprechen, stärkt euer Miteinander, fördert gegenseitigen Respekt und wird dir auch die Pflege erleichtern.

Vielleicht fragst du dich nun, was dir helfen kann, alte Verhaltensmuster wie den Drang nach Perfektion oder die Vorstellung, die Erwartungen anderer erfüllen zu müssen, aufzubrechen und authentischer zu werden. Der wichtigste Schlüssel dafür ist die Achtsamkeit, und als Teil von ihr die liebevolle Selbstreflexion. Sie wird dir helfen, mehr über dich zu erfahren, dich besser kennenzulernen, dich neu zu fühlen und wahrzunehmen, auf deinen Körper und dein Herz zu hören.

Schritt für Schritt in ein neues Leben

Es geht nicht immer darum, den Gipfel zu erreichen, sondern die gesunde Balance zu finden zwischen dem, was man will, und dem, was möglich ist.

PROF. DR. GÜNTER F. MÜLLER

Die neue Situation, in der du dich nun befindest, kannst du mit einer Wanderung in den Bergen vergleichen. Jede Wanderung beginnt mit einem ersten Schritt. Wie lang die Tour auch sein mag, du kommst Schritt für Schritt voran, selbst wenn sie manchmal nur klein sind. Und du brauchst die passende Ausrüstung für diese Wanderung. Deswegen frag dich: Was brauche ich, um sicher und gut ans Ziel zu gelangen? Bin ich fit genug für diese Reise? Wandere ich ohne Ausrüstung, oder trage ich so viel in meinem Rucksack, dass er beinahe mehr wiegt als ich selbst? Gehe ich allein?

Bevor du startest, benötigst du also einen sinnvollen Plan. Je besser du vorbereitet bist, umso sicherer und unbeschwerter kannst du das Abenteuer angehen. Damit du mit passendem und dennoch leichtem Gepäck wanderst, kannst du dich beispielsweise beim örtlichen Wanderverein, Freunden, die regelmäßig in den Bergen unterwegs sind, oder im Internet informieren. Es wird dir enorm helfen, zu wissen, welche Dinge du tatsächlich in deinem Rucksack brauchst, damit du möglichst wenig Ballast mit dir herumtragen musst. Weiterhin informierst du dich über die Route und weißt, wo du gut Rast machen kannst. Neben gutem Schuhwerk und passender Kleidung sind deine körperliche und mentale Stärke wichtige Punkte, die du im Blick haben solltest. Scheu dich nicht, Hilfe anzunehmen oder dich einer Gruppe anzuschließen, die dasselbe Ziel hat wie du. Ihr könnt voneinander profitieren und schwierige Abschnitte gemeinsam meistern.

Die erste Säule: Gute Vorbereitung und Planung

Hast du die Parallelen zwischen deiner Reise ins unbekannte Terrain der Pflege deines Angehörigen und der Bergwanderung erkannt? Du kannst nicht nur Bergwanderungen meistern, sondern auch die Pflegesituation, wenn du einen durchdachten Plan hast und dich gut vorbereitest. Und die Pflege ist nicht irgendein gemütlicher Spaziergang im Mittelgebirge – du machst dich gerade auf, einen Achttausender zu besteigen! Ich kann aus Erfahrung sagen: Die stärksten und mutigsten Menschen unserer Gesellschaft sind eindeutig pflegende Angehörige. Die Arbeit, die sie leisten, der Einsatz, den sie ohne Entlohnung zeigen, fordern Zeit, Mühe, Geduld und Kraft. Dabei kann man schnell an seine Grenzen kommen. Und natürlich kannst du nicht alles im Voraus planen, aber es gibt viele Möglichkeiten, sich vorzubereiten und vorzusorgen. Eine Möglichkeit hast du schon wahrgenommen, indem du diesen Ratgeber liest.

Sei ehrlich zu dir

Wenn ein geliebtes Familienmitglied oder ein Mensch, der uns sehr am Herzen liegt, erkrankt und deswegen auf Hilfe angewiesen ist, dann ist uns meist im ersten Moment klar: Wir sind füreinander da. Eine Entscheidung, die wir mit dem Herzen treffen, ein Versprechen aus Liebe, manchmal allerdings auch aus schlechtem Gewissen oder aus reinem Pflichtbewusstsein heraus. Eine so weitreichende Entscheidung sollte nie leichtfertig getroffen werden, so ehrenwert sie auch ist, denn es geht um weitaus mehr, als »nur« füreinander da zu sein. Sosehr du deinen Partner oder Partnerin oder einen Elternteil auch liebst und unterstützen möchtest, vergiss bitte niemals, ehrlich zu dir selbst zu sein. Du kannst deinen Angehörigen nur unterstützen, wenn es auch dir gut geht und du für dich sorgst. Informier dich daher gründlich, und prüf für dich, ob du dich diesen vielen neuen Herausforderungen gewachsen fühlst. Dein Leben wird sich verändern und eine komplett neue Form annehmen. Du wirst von nun an für ein weiteres Leben die Verantwortung übernehmen und Entscheidungen treffen müssen. Erst wenn du dir deiner ganz sicher bist, ist es sinnvoll, sich an die Packliste für eure Reise zu machen.

Nutz die folgende Reflexion mit sogenannten geschlossenen Fragen, also Ja- oder Nein-Antworten, um dir zunächst deine momentane Situation klarzumachen und zu erkennen, ob es irgendwo Handlungsbedarf gibt und du wirklich in der Lage bist, die Herausforderung Pflege anzunehmen.

Meine momentane Lebenssituation

Ist deine Lebenssituation bereits sehr angespannt?

ja ☐ nein ☐

Bist du körperlich, psychisch sowie emotional in der Lage, die zukünftige Pflege und Betreuung deines Angehörigen zu übernehmen?

ja ☐ nein ☐

Hast du gesundheitliche Einschränkungen (z. B. Diabetes, Bluthochdruck, Gehbehinderung)?

ja ☐ nein ☐

Ist dir deine eigene Gesundheit und die Erfüllung deiner Bedürfnisse wichtig?

ja ☐ nein ☐

Bist du berufstätig, sodass deine verfügbare Zeit eingeschränkt ist?

ja ☐ nein ☐

Hast du andere Verpflichtungen, denen du regelmäßig nachkommen musst (z. B. Kinder-/Enkelbetreuung, Haustiere, Verein …)?

ja ☐ nein ☐

Hast du Familie und Freunde in deiner Nähe?

ja ☐ nein ☐

Bist du bereit, von Beginn an Unterstützung einzuplanen und Hilfe anzunehmen?

ja ☐ nein ☐

Bist du offen für Alternativen, wenn die Versorgung zu Hause nicht mehr möglich sein sollte?

ja ☐ nein ☐

Könnte die Wohnung / das Haus barrierefrei umgebaut werden (Bad, Treppen, Türen etc.)?

ja ☐ nein ☐

Geh nochmal in dich und schau dir in Ruhe deine Antworten an. Bist du dir ganz sicher, dass du körperlich und psychisch in der Lage wärst, deinen Angehörigen zu Hause zu betreuen und zu pflegen? All diese Fragen, die du gerade reflektiert hast, solltest du ehrlich beantworten. Auch wenn du deinen Angehörigen von ganzem Herzen liebst, so sollte deine gesundheitliche Verfassung so gut sein, dass du in der Lage bist, die vielen Herausforderungen im Alltag, eventuell mit Unterstützung, zu schaffen. Betrachte deine jetzige Lebenssituation auf mehreren Ebenen. Herrschte zwischen dir und deinem Angehörigen eher Harmonie, oder war euer Verhältnis schon vor der Erkrankung herausfordernd und angespannt? Überdenke auch deine finanzielle Situation. Bist du in der Lage, die anfallenden Kosten zu bewältigen? Ich weiß, dass diese Fragen sehr persönlich sind und in dir bestimmt auch Unbehagen aufkommen lassen. Doch je besser du dir im Vorfeld diese wichtigen Punkte bewusst machst, desto mehr Kummer kannst du dir in der Pflegesituation ersparen. Je intensiver die Pflege sein wird, desto wichtiger sind deine Antworten und desto kritischer und ehrlicher solltest du in dich hineinhorchen.

Wie du anhand der letzten Frage gesehen hast, ist die Barrierefreiheit zur Sicherstellung der Pflege entscheidend und unverzichtbar. Hinzu kommt, dass je nach Demenzform und Fortschreiten der Demenz nicht vorab ersichtlich ist, ob ein Wohnen in den eigenen vier Wänden bis zum Schluss möglich ist. Jede Demenz verläuft anders, deshalb denk bitte frühzeitig darüber nach, welchen Plan B du in Betracht ziehen könntest. Sollte die Demenzerkrankung unerwartet schnell voranschreiten, was das Wohnen zu Hause nicht mehr zulässt, so kannst du, ohne viel Zeit zu verlieren, auf deinen Plan B zurückgreifen.

All diese Fragen geben dir einen kleinen, jedoch wertvollen Überblick, in welcher Situation du dich befindest. Du hast dich entschieden und kannst deinen Angehörigen zu Hause pflegen? Dann verdienst du meinen größten Respekt und meine absolute Anerkennung. Ich freue mich, dass du den Mut aufbringst, dich den vielen neuen Herausforderungen zu stellen. Jetzt ist für mich auch der Zeitpunkt, dich mit der Selbstfürsorge vertraut zu machen: Je achtsamer du deinen neuen Weg beschreitest, umso gelassener und flexibler wirst du vorankommen. Wie ein Surfer wirst du jede Welle zu nehmen wissen. Selbst wenn du vom Board fallen solltest, wirst du in der Lage sein, es wieder zu besteigen und weiterzusurfen.

Die zweite Säule: Unterstützung

Sorgt man für andere, bemerkt man oft zu spät, dass die Ressourcen aufgebraucht sind. Halte daher deinen Körper und Geist in einer gesunden Balance. Kümmere dich von Beginn an um Auszeiten, um dich vom Alltag zu entkoppeln und zu entschleunigen. Dabei spielt sowohl eine ausgewogene Ernährung eine wichtige Rolle als auch Bewegung an der frischen Luft. Oder schaff dir in deinen vier Wänden einen persönlichen Rückzugsort, eine Kraftquelle, etwa eine grüne Oase mit Pflanzen, die du magst, vielleicht mit deinem Lieblingssessel oder der Couch.

Hilfreiche soziale Kontakte

Sorg für ausreichend soziale Kontakte mit Menschen, die dir guttun. Vielleicht hast du einen Freund oder eine Freundin, der oder die dir schon immer zur Seite stand. Ich weiß aus Erfahrung, dass man anderen nicht zu viel zumuten möchte, doch schätzen echte Freunde Offenheit. Halte deine Familie und Freunde nicht aus deinem Leben fern, im Gegenteil, lass sie teilhaben, binde sie ein, wenn sie für dich da sein möchten.

Natürlich kannst du dir auch einen Experten zur Unterstützung suchen, der dir regelmäßig oder bei Bedarf zur Seite steht, dem nichts zu viel wird und der dich nicht verurteilt. Jemand, der ein offenes Ohr für deine Sorgen, deine Gedanken und Gefühle hat. Jemand, der dich versteht und Mitgefühl spendet. Allein mit jemandem über Frust, Wut und Überforderung zu sprechen, kann sehr befreiend sein. Doch such auch Kontakte zu Menschen, die sich in einer ähnlichen Situation wie du selbst befinden. In Angehörigengruppen findest du Menschen, die dich verstehen, mit denen du dich austauschen kannst, mit unterschiedlichsten und wertvollen Erfahrungen, die dir weiterhelfen können.

Offenheit ist eine Stärke

Geh mit der Erkrankung und den Veränderungen deines Angehörigen offen um. Im ersten Moment mag es dir schwerfallen, mit anderen darüber zu sprechen. Vielleicht fühlst du dich noch wie betäubt und unfähig, Pläne zu machen. Gönn dir diese Zeit. Doch vergiss nicht, dass du alles, was nun kommt, nicht allein schaffen musst. Glaub bitte nicht, du würdest jemandem zur Last fallen, wenn er dir deine Hilfe anbietet. Nimm sie ruhig an. Ist dir bewusst, dass es da draußen viele Menschen gibt, die sich freuen würden, euch zur Seite zu stehen, weil ihr ihnen wichtig seid? Dass es viele Menschen gibt, die gerade Ähnliches erleben oder schon erfahren haben und für euch da sein wollen? Offenheit ist keine Schwäche, sondern gehört mit zur größten Stärke, die du in dir trägst. Also trau dich! Geh von Beginn an offen mit der Erkrankung um. Versteck dich nicht und pack deine Sorgen nicht in die unterste Schublade. Davon verschwinden sie nicht, im Gegenteil, sie werden sich summieren und schließlich irgendwann übermächtig erscheinen. Deine Ehrlichkeit von Beginn an setzt dein Umfeld darüber in Kenntnis, dass dein Leben nun eine Wende nimmt. Daher hab keine Angst vor dem Mitgefühl der anderen. Offenheit ist der Türöffner für Verständnis und Unterstützung, die jeder in deiner Situation benötigt.

Unsicherheiten begegnen

Es kann natürlich passieren, dass sich Verwandte und Freunde überfordert fühlen und sich zurückziehen, weil sie nicht wissen, wie sie dich auf die neue Situation ansprechen und damit umgehen sollen. Solltest du diese Erfahrung machen, dann hast du mein großes Mitgefühl. Doch solltest du nicht verzagen und ehrlich mit der Situation umgehen. Ich bin mir sicher, dass es einen plausiblen Grund für den Rückzug der Freunde gibt. Hier kann ein Perspektivwechsel sehr hilfreich sein. Das bedeutet: Stell dir vor, du bist die Person, die sich zurückgezogen hat. Versuch dich ganz bewusst in ihre Lage hineinzuversetzen. Bestimmt ist die Vorstellung für dich gar nicht so leicht, weil du dich über das Krankheitsbild gut informiert hast und weißt, dass Veränderung im Leben einfach dazugehört. Du versuchst stets, das Beste für dich und deinen Angehörigen zu tun. Ich könnte mir vorstellen, dass bei deinen Freunden große Unwissenheit und Unsicherheit zugleich bestehen. Ganz vielen Menschen macht das Thema Demenz große Angst, und sie scheuen sich daher, sich mit dem Krankheitsbild und dem Betroffenen auseinanderzusetzen. Sie wissen darüber hinaus vielleicht nicht, was sie sagen oder wie sie sich verhalten können, und ziehen sich deshalb zurück.

Was könntest du tun? Ermutige Freunde und Bekannte zu einer offenen Kommunikation. Biete ihnen an, sie über die Krankheit Demenz aufzuklären und darüber, wie sie sich auf die Familie auswirken kann. Gib ihnen praktische Tipps an die Hand, wie sie mit deinem Angehörigen umgehen können. Sag ihnen, dass dein Angehöriger sich freuen würde, Besuch zu erhalten, oder gerne etwas unternimmt. Teile ihnen mit, dass sie dich auch mit kurzen Besuchen deines Angehörigen durchaus entlasten und du so Zeit für Selbstfürsorge gewinnst. Erwähne auch, dass du dir so viel Normalität wie möglich wünschst und du ihre Verunsicherung verstehen kannst. Je offener du mit der Situation umgehst, umso leichter können sich Freunde auf die neue Lage einstellen. Wenn du dich schriftlich besser ausdrücken kannst, dann schreib ihnen in liebevollen Worten einen Brief.

Hol dir so viele vertraute Menschen ins Boot, wie du kannst. Hast du zum Beispiel eine gute Nachbarschaft? Dann solltest du sie mit einbinden. Sie sind in deiner unmittelbaren Nähe und könnten dir zu Hilfe eilen, wenn du Unterstützung brauchst. In der Regel sind die Menschen in deiner Umgebung sicher froh, wenn sie dir bei kleinen Erledigungen zur Seite stehen können. Vielleicht kann die Nachbarin nach dem Angehörigen schauen, wenn du eine Besorgung machen musst. Offenheit sorgt für viele neue Möglichkeiten der Unterstützung, und du wirst staunen, wer dir alles zur Seite stehen kann und möchte.

Ein Netzwerk aufbauen und sich informieren

Wenn du die häusliche Pflege deines Angehörigen bewältigen möchtest, dann sind neue Prioritäten enorm wichtig. Dein Angehöriger ist aufgrund seiner Erkrankung auf Unterstützung angewiesen, und seine Gesundheit, Sicherheit sowie Pflege und Betreuung rücken in den Mittelpunkt – und gerade deswegen ist es enorm wichtig, auf dich achtzugeben und für Unterstützung und Entlastung zu sorgen. Das ist kein Eingeständnis von Schwäche, sondern nötige Organisation und im Grunde lebenswichtig für dich. Deine Bedürfnisse sind genauso essenziell wie die deines Angehörigen.

Je früher du dich auf die kommenden Veränderungen vorbereitest, umso besser, auch indem du dich frühzeitig beraten lässt. Nutz alle Möglichkeiten, die dir den Alltag erleichtern. Wenn du weißt, was zu tun ist und an wen du dich wenden kannst, ist das bereits die halbe Miete. Warte nicht so lang, bis du vor scheinbar unüberwindbaren Hindernissen stehst. Denk stets daran: Alles, was die Situation mit deinem Angehörigen erleichtert, bedeutet auch Erleichterung für dich. Nutz darüber hinaus Entlastungsangebote: Nimm finanzielle Hilfen (siehe Seite 162 f.) in Anspruch, die dir und deinem Angehörigen zustehen, und denk an eine gute Vorsorge. Ich kann zwar gut verstehen, wenn du darüber noch nicht nachdenken möchtest. Es mag dir Angst machen, und am liebsten würdest du es ausblenden. Glaub mir: Den meisten Menschen geht es so, nachdem eine Demenzerkrankung bei einem Angehörigen festgestellt wurde. Spezielle Vereine und auch die kostenfreie Pflegeberatung können dir jedoch Ängste nehmen (Adressen und Links von Anlauf- und Beratungsstellen findest du im Anhang, Seite 175 f.). Diese Experten kennen sich bestens aus mit allem, was du brauchst und was dir zusteht. So hast du von Beginn an einen guten Plan, um mit allen Veränderungen zurechtzukommen.

Veränderung als Chance erkennen

Wir können die Windrichtung nicht ändern, aber wir können die Segel neu setzen.

UNBEKANNT

Jeder Tag bringt Veränderungen, das ist der Lauf des Lebens. Wir müssen uns immer wieder an neue Gegebenheiten anpassen, ob wir das wollen oder nicht – und wir Menschen sind sehr anpassungsfähig. Durch die Demenzerkrankung deines Angehörigen werden tiefgreifende Veränderungen auf dich zukommen. Und ich garantiere dir, diese wirst du meistern. Allerdings kann dir die Art und Weise, wie du auf die Veränderungen reagierst und welchen Blick du auf sie hast, vieles leichter oder eben auch schwerer machen.

Ist dir noch unklar, was die neue Situation Positives mit sich bringt, solltest du dir mithilfe der folgenden Reflexion drei Fragen stellen:

Meine Gedanken zur Zukunft

1. Welche Sorgen, Bedenken und Ängste gehen mir bezüglich der Erkrankung meines Angehörigen, meiner und unserer Zukunft und unseres Zusammenseins durch den Kopf?

2. Welche Pläne und Ideen glaube ich wegen der Pflege meines Angehörigen nicht mehr umsetzen zu können?

3. Was wünsche ich mir für die Zeit, die nun folgt? Was kann ich tun, um diese Wünsche trotz der Pflege meines Angehörigen umzusetzen?

Nur wenn du dir die Zeit für diese Fragen nimmst, erfährst du, welche Ängste und Sorgen dich bewegen und was du dir für deine Zukunft erhoffst, aber auch befürchtest. Viele Menschen haben Träume und Wünsche. Aber eine plötzliche Veränderung, sei es ein Unfall, eine Trennung oder eben die Erkrankung eines nahen Angehörigen, kann das bisherige Leben auf den Kopf stellen. Wünsche und Ziele verlieren an Bedeutung oder treten in den Hintergrund. Aber natürlich geht das Leben danach weiter, und was viele Betroffene vergessen: Du entscheidest, wie es weitergeht. Du kannst Wege finden, mit der veränderten Situation zurechtzukommen. Sei dir sicher: Neben herausfordernden, schwierigen Tagen wird es auch viele schöne und stärkende Tage geben.

Ich habe für mich die folgende Affirmation, eine Art Leitsatz, entwickelt, die mich durch schwierige Situationen trägt:

Ich habe den Mut, nach vorne zu blicken, denn was geschehen ist, gehört bereits der Vergangenheit an. Die Zukunft ist es, die vor mir liegt, und diese kann ich positiv beeinflussen, sie liegt in meinen Händen.

Mehr über Affirmationen findest du ab Seite 58.

Was im Leben wirklich zählt

Egal, ob die Diagnose bei deinem Angehörigen schon länger zurückliegt oder erst vor Kurzem erfolgte, es ist viel passiert in eurem Leben, und es gibt auf nicht absehbare Zeit keinen Stillstand. Vieles verändert sich, manches langsam, anderes schneller, als dir lieb ist. Was vorher selbstverständlich oder unwichtig schien, hat an Bedeutung gewonnen. Bist du dir darüber im Klaren, was du seit der Diagnose der Erkrankung bereits geleistet hast? Zur Stärkung und Motivation habe ich dir eine kleine Liste der gemeisterten Herausforderungen und positiven Effekte zusammengestellt, die deine Pflegetätigkeit für dich bedeuten können:

Steigerung deines Selbstwertgefühls: Du hast nicht nur eine neue Rolle eingenommen, sondern auch gelernt, Aufgaben deines Angehörigen zu übernehmen, die sonst immer er erledigt hat. Das hat dich möglicherweise Kraft und Überwindung gekostet. Hat dein Partner sich beispielsweise um Finanzen gekümmert und jetzt managt du das? Oder übernimmst du inzwischen immer mehr Aufgaben im Haushalt, dabei war das früher nicht dein Metier? Was es auch sei, du wächst immer wieder über dich hinaus und kannst stolz auf dich sein!

Neues entdecken: Du bist jetzt nicht mehr nur Ehepartner oder Kind, sondern auch Begleiter, Betreuer und Pfleger. Du bist nicht mehr nur für dich selbst zuständig, sondern kümmerst dich um zwei Leben. Eine echte Herausforderung, die du da auf dich nimmst. Nach und nach wird die Demenz deinen Angehörigen auch im Wesen und Verhalten verändern. Ich möchte dir helfen, eine positivere Sicht auf diese Veränderung zu entwickeln: Du lernst deinen Angehörigen auf ganz neue Art kennen, du siehst Seiten an ihm, die du vorher nie entdecken konntest. Vielleicht wird er dir gegenüber zugewandter, weicher und sucht deine Nähe. Der Mensch, der früher Angst vor Tieren hatte, spielt jetzt mit dem Nachbarhund, oder die Mutter, die nie Süßes mochte, kann es kaum erwarten, bis du wieder den leckeren Marmorkuchen backst. Die Person, die früher sehr ernst, streng und penibel war, ist nun locker, entspannter und lacht viel mehr. Sei offen und entdecke den Menschen, den du bisher kanntest und liebtest, neu.

Den Moment leben: Das schönste Geschenk ist gemeinsame Zeit – wie wahr sind doch diese Worte, erst recht, wenn man sich bewusst wird, dass diese Zeit begrenzt ist. Diese Zeit mit dem erkrankten, aber immer noch geliebten Menschen bedingungslos und entspannt verbringen zu können, gewinnt immer mehr an Bedeutung. Vielleicht hast du dir schon in früheren Jahren mehr Zeit mit deinem Angehörigen gewünscht, doch andere Dinge wie Beruf oder Kinder hatten Priorität, gemeinsame Träume zu verwirklichen oder Pläne wurden immer wieder verschoben. Nutz daher die Zeit und genieß die Momente des Zusammenseins – du weißt nicht, wie viele Tage noch vor euch liegen.

Wertschätzender und achtsamer Umgang: So einiges hat sich an der Art eurer Kommunikation verändert. Sie ist reicher an Emotionen geworden, und statt mit Worten teilt sich dir dein Angehöriger viel mehr über seine Körpersprache mit. Euer Umgang ist aufmerksamer, bewusster und einfühlsamer.

Deine Bedürfnisse im Fokus: Vor der Erkrankung lief meistens alles gut, deine Prioritäten lagen in ganz anderen Bereichen. Es kann sein, dass du deine Bedürfnisse ohnehin für den/die Partner-/in, die Kinder, den Beruf oder anderes hintangestellt hast. Es erschien dir vielleicht nicht so wichtig, gut auf dich zu achten. In der Pflegesituation kannst du allerdings sehr viel schneller an deine Grenzen kommen, du wirst mehr gebraucht. Vielleicht fehlt dir sogar dein Angehöriger, der dir einst eine Stütze war. Aber du kannst alles schaffen, wenn du für dich sorgst und deinen Akku mit Achtsamkeit und Entspannung regelmäßig auflädst. Im nächsten Kapitel erläutere ich dir, wie Achtsamkeit dir helfen kann, deine Gesundheit als pflegender Angehöriger zu erhalten.

Die Kraft der Achtsamkeit

Achtsamkeit bedeutet nicht, die Stürme des Lebens zu umschiffen, sondern zu lernen, inmitten eines Sturms in friedvoller Gelassenheit zu ruhen.

KATRIN BECKMANN

Du wünschst dir mehr Leichtigkeit, Gelassenheit und Zufriedenheit in deinem Leben als pflegender Angehöriger? Sicherlich klingen diese Stichworte wunderbar in deinen Ohren. Vielleicht denkst du, dass es großartig wäre, wenn dein Alltag sich leichter anfühlen und deine Gesundheit ebenfalls davon profitieren könnte. Du weißt zwar jetzt, wie wichtig Selbstfürsorge ist, und doch fällt dir die Umsetzung oft schwer. Unter Umständen suchst du schon länger nach einer für dich passenden Lösung? Dass du jetzt diesen Ratgeber in den Händen hältst, zeigt, dass es dir wichtig ist, deinem Leben eine neue Richtung zu geben, mit mehr Gelassenheit und stabiler Gesundheit.

Achtsamkeit: ein Anker in stürmischer See

Die Pflege eines geliebten Menschen mit Demenz kann eine emotionale Achterbahnfahrt sein, die dich als Pflegenden sowohl körperlich als auch geistig fordert und überfordert. Dabei ist es unerlässlich, nicht nur auf die Bedürfnisse des erkrankten Angehörigen einzugehen, sondern ganz besonders auf die eigenen. Hier spielt Achtsamkeit eine wesentliche Rolle. Sie ermöglicht uns, im Hier und Jetzt zu leben, unsere Gedanken, Gefühle und körperlichen Empfindungen bewusst wahrzunehmen und zu akzeptieren. Achtsamkeit bringt Ruhe in unser Leben, vermindert Stress und fördert mentale Stabilität – sie ist ein wichtiges Element zur Bewältigung des Pflegealltags und zum Erhalt der eigenen Gesundheit. Für einen Demenzerkrankten sind es immer noch die zwischenmenschlichen Beziehungen, die Zuneigung und Liebe, die Erinnerungen und die kleinen, glücklichen Momente, die das Leben lebenswert machen. Achtsamkeit schafft eine entspannte, wertschätzende Grundstimmung, die bedeutsame Begegnungen ermöglicht.

Die Kraft der Achtsamkeit kann dich als pflegenden Angehörigen ins Gleichgewicht zurückbringen, wann immer die Umstände etwas »stürmischer« werden und du aus deiner Mitte zu fallen drohst. Denn eines ist – auch wissenschaftlich – erwiesen: Achtsamkeit ist nicht nur ein Hype, sondern eine lebensverändernde Praxis. Sie lehrt uns Zuhören, Wahrnehmen, Offenheit und fördert ein besseres Miteinander.

Positive Veränderungen durch Achtsamkeit

Wenn du der Achtsamkeit in deinem Leben eine Chance gibst, kannst du folgende, in Studien nachgewiesene Vorteile für dich und deine Gesundheit erlangen:

Gesundheit: Achtsamkeit unterstützt dich darin, den eigenen Stresspegel zu senken, dein Wohlbefinden zu steigern, und verleiht dir Energie, deine eigene Gesundheit zu fördern und bestmöglich zu erhalten.

Burn-out-Prävention: Als pflegende Angehörige bist du aufgrund der hohen Belastung stark gefährdet, einen Burn-out zu erleiden. Dieser kündigt sich nur schleichend, wenn überhaupt an, indem dein Körper Alarm schlägt. Die Zahlen von Burn-out-Neuerkrankungen haben in den letzten Jahren auch und insbesondere bei Pflegekräften und pflegenden Angehörigen zugenommen. Die gute Nachricht ist, dass es Achtsamkeitspraktiken gibt, die dir in deinem Alltag erhebliche Erleichterung verschaffen und einen Burn-out verhindern können.

Beziehungen: Durch Achtsamkeit entsteht eine tiefere Verbindung zu deinem Angehörigen. Gemeinsame Zeit miteinander zu verbringen, bekommt einen neuen Stellenwert, weil du entspannter auf ihn zugehen kannst und deine Wahrnehmung für seine Bedürfnisse geschärft ist.

Stressreduzierung: In Stresssituationen kann Achtsamkeit helfen, ruhig und gelassen zu bleiben und eine angemessene und konstruktive Reaktion zu zeigen. Ein Gewinn für beide Seiten.

Bewusstere Entscheidungen: Durch regelmäßige Praxis der Achtsamkeit im Alltag kannst du als pflegender Angehöriger zum Beispiel mithilfe der Reflexion besser und leichter Entscheidungen treffen.

Lebensqualität: Achtsamkeit kann deine Lebensqualität steigern, indem sie dazu beiträgt, kleine Momente des Glücks im Alltag bewusst wahrzunehmen und zu genießen.

Selbstfürsorge: Achtsamkeit kann dazu beitragen, dass du deine eigenen Bedürfnisse besser wahrnehmen kannst und mehr Zeit für deine Selbstfürsorge einplanst.

Selbstwahrnehmung: Mithilfe der Achtsamkeit kannst du lernen, deine eigenen Gedanken, Gefühle und Körperempfindungen besser wahrzunehmen und zu verstehen.

Linderung und Vorbeugung von Depressionen: Achtsamkeit im Alltag zu üben, ist nachweislich gegen Depressionen sowie Angststörungen wirksam und kann helfen, diesen vorzubeugen.

Emotionale Widerstandskraft: Durch Achtsamkeit kannst du als pflegende Angehörige deine emotionale Resilienz stärken, das heißt deine Fähigkeit, mit den emotionalen Herausforderungen und Belastungen des Pflegealltags besser umzugehen.

Was ist Achtsamkeit?

Einfach gesagt ist Achtsamkeit zunächst das Gegenteil von Unachtsamkeit. Unachtsam zu sein, beschreibt den Zustand, die meiste Zeit des Tages abgelenkt und überall, nur nicht in der Gegenwart, zu sein. Das Hier und Jetzt wird höchstens bruchstückhaft erlebt. Unachtsamkeit finden wir nicht nur beim gestressten Manager, der kaum Zeit für seine Familie findet und dadurch viele schöne Momente seines Lebens verpasst. Im Gegenteil, die meisten Menschen richten ihre Aufmerksamkeit auf die Zukunft oder verharren in der Vergangenheit. Sie suchen Erfüllung, Anerkennung und ihr Glück außerhalb von sich selbst und sind unglücklich, getrieben von Ängsten und Sorgen. Aber unser Leben findet im gegenwärtigen Moment statt.

Der große Meditationslehrer Jon Kabat-Zinn hat eine sehr schöne Definition der Achtsamkeit formuliert: »Achtsamkeit bedeutet, den gegenwärtigen Moment bedingungslos, frei von Urteilen und mit all unseren Sinnen wahrzunehmen und zu leben.« (siehe Buchempfehlungen im Anhang, Seite 188 f.). Klingt logisch und verständlich, doch ist das Wissen allein natürlich nicht die Lösung, sondern erst die schrittweise Umsetzung. Wir verpassen so viele schöne Augenblicke, weil uns die Schnelllebigkeit der digital geprägten Leistungsgesellschaft durch die Tage hetzt. Nun stellt sich die Frage: Wie können wir Achtsamkeit in unser Leben und unseren Alltag bringen? Das ist keine schwere Übung, denn wenn du genau hinsiehst, hast du in deinem Leben ständig achtsame Momente.

Achtsamkeit im Alltag

Achtsamkeit zu leben, ist ein Geschenk, das du dir selbst machen kannst, indem du bewusst Zeit mit dir verbringst.

KATRIN BECKMANN

Hast du schon mal einen Sonnenaufgang betrachtet und diesen bemängelt, weil die Farben in jenem Moment nicht deiner Vorstellung entsprachen? Ich gehe davon aus, dass dir das noch nie in den Sinn gekommen ist, sondern dass du einfach den herrlichen Anblick genossen hast. Ein berührender Start in den Tag, der dir nicht nur gute Laune, sondern auch wertvolle

Energie verleiht. Oder du erlebst andere, vielleicht unvermutete Beispiele für Momente der Achtsamkeit: Du bist in einen spannenden Roman vertieft, der dich alles um dich herum vergessen lässt. Du übst ein Hobby aus, das dich fasziniert, entspannt und deine Gedanken zum Stillstand bringt. In diesen Momenten verfliegt dein Zeitgefühl, und etwas Magisches geschieht. Eine besondere Leichtigkeit breitet sich in dir aus. Du bist im Moment und in der Achtsamkeit angekommen.

Meditation – die Basis der Achtsamkeitsschulung

Vielleicht befürchtest du, jetzt könnte es spirituell werden, und damit kannst du gar nichts anfangen? Ich kann dich beruhigen: Meditation ist in erster Linie ein Entspannungszustand, in dem du dich auf deine Gedanken, Körperempfindungen und Gefühle im gegenwärtigen Moment fokussierst. Dein Geist kommt zur Ruhe, dein Gedankenkarussell wird gebremst. Das ist nicht esoterisch oder abgedreht, sondern du lernst, mithilfe der Meditation dein Nervensystem zu regulieren. Um das zu erreichen, gibt es viele unterschiedliche Arten der Meditation. In diesem Buch beschäftigen wir uns mit der Achtsamkeitsmeditation. Sie schult deinen Fokus, um Ruhe, Entspannung und Klarheit der Gedanken zu erreichen. Die Achtsamkeitsmeditation dient als unverzichtbare Übung, um aus dem Trubel des Alltags zu dir zurückzufinden. Die regelmäßige Anwendung kann ein wahrer Segen für dich sein, um in herausfordernden Situationen gelassen zu bleiben und inneren und äußeren Stress zu reduzieren – und das schon mit ein paar Minuten am Tag.

Die einfachste Methode der Achtsamkeitsmeditation verwendet ein Werkzeug, das du immer bei dir hast: den Atem. Dafür brauchst du keine besonderen Materialien, sondern nur dich. Eine entspannte Atmosphäre ist allerdings sehr wichtig für die Meditation, hier bietet sich zum Beispiel ruhige Musik oder eine brennende Kerze an. Zur Fokussierung hilft es, zu Beginn dein ganz persönliches, positives, stärkendes Wort zu denken – wie Liebe, Vertrauen oder Stärke. Ebenso kannst du eine eigene Affirmation nutzen (mehr Informationen zu Affirmationen auf Seite 58 f.). Dieses Wort oder diesen Satz kannst du in Gedanken mehrmals wiederholen.

Doch zurück zum Atem: Um dem Alltag mit Achtsamkeit zu begegnen, ist die Wahrnehmung und Beobachtung unseres Atems eine wichtige Grundvoraussetzung. Die folgende Übung hilft dir dabei, deinen Atem kennenzulernen – und sie dient als Auftakt für jede andere Achtsamkeitsmeditation.

ACHTSAMKEITSÜBUNG: BEOBACHTE DEINEN ATEM

- Sorg für eine ruhige Umgebung, in der du nicht gestört wirst, und schalte deine Mobilgeräte aus oder auf Flugmodus.
- Leg oder setz dich bequem hin und beobachte deinen Atem.
- Schließ, wenn du magst, deine Augen, was dir erleichtert, dich ohne Ablenkung von außen auf deine Atmung einzulassen und diese wahrzunehmen.
- Platzier eine Hand auf deinen Brustkorb und die andere auf deinen Bauch. Atme tief durch die Nase ein. Nimm wahr, wie die Luft in deine Lunge strömt, wie sich dein Brustkorb dabei anhebt. Spür die Bewegungen deines Körpers unter deinen Händen.
- Atme nun bewusst durch den Mund langsam und konzentriert aus. Der Vorgang der langen Ausatmung unterstützt dich bei der Stressreduzierung, der Entspannung deiner Muskulatur und fördert deine Konzentration. Auch wird die Sauerstoffversorgung verbessert, weil der Körper mehr Zeit hat, den Sauerstoff aus der eingeatmeten Luft zu filtern.
- Setz diese Art der Atmung und ihre Beobachtung so lange fort, wie du möchtest, und komm dann langsam und mit einer Einatmung wieder im Raum an. Solltest du die Augen geschlossen haben, öffne sie blinzelnd und bewusst, und nimm deine Umgebung wie neu wahr.

In der Hektik des Alltags ignorieren wir häufig die Signale des Körpers oder greifen zu Medikamenten, um unangenehme Symptome zu unterdrücken. Stattdessen empfehle ich dir die etwas verkürzte Version eines Klassikers der Achtsamkeit, den sogenannten Body-Scan nach dem Entwickler des MBSR-Trainings (Mindfulness-Based Stress Reduction), Jon Kabat-Zinn (siehe Anhang Seite 189). Mit dem Body-Scan kannst du deinem Körper Aufmerksamkeit und deinem Geist Ruhe schenken. Gönn dir täglich fünf bis zehn Minuten, so kannst du den kurzen Body-Scan ganz einfach und entspannt in deinen Alltag einbauen. Schau, welche Tageszeit für dich am besten ist. Ich selbst mache den Scan gern morgens im Bett, kurz nach dem Aufwachen. Aber natürlich eignet sich auch die Mittagszeit, wenn du dich ein wenig auf dem Sofa ausruhst, oder der Abend, nachdem du dich ins Bett gelegt hast. Du kannst die Übung sowohl im Liegen als auch im Sitzen auf einem bequemen Stuhl durchführen. Wenn du magst, kannst du im Hintergrund entspannte Musik laufen lassen. Diese sollte dich allerdings nicht von der Körperwahrnehmung ablenken. Schalte alle Geräte wie Handy oder Tablet aus, die dich auf deiner Körperreise beeinflussen oder stören könnten.

BODY-SCAN

- Such dir ein gemütliches Plätzchen. Zieh dir, wenn du magst, deine warmen Lieblingssocken an und nimm dir eine kuschlige Decke.
- Setz dich aufrecht und angelehnt hin oder leg dich im Bett oder auf der Yogamatte auf den Rücken.
- Atme dreimal durch die Nase tief ein und länger aus.
- Schließ deine Augen.
- Versuch, dich innerlich fallen zu lassen. Deine Muskeln entspannen, und du fühlst dich schwerelos.
- Lass uns die Reise bei den Füßen beginnen. Atme zuvor nochmals bewusst durch die Nase tief ein und aus, sodass du deine Übung mit besonderer Achtsamkeit beginnst.

- Lenk die Aufmerksamkeit zu deinen Füßen. Nimm wahr, welches Gefühl sie dir senden. Versuch, das Gefühl wahrzunehmen, ohne es zu bewerten. Vielleicht kribbeln deine Füße, sind sie warm oder kalt, juckt etwas? Schmerzt ein Zeh, oder sticht es an der Ferse?
- Geh mit deiner Aufmerksamkeit weiter zu den Waden. Sind sie verspannt, empfindest du Schmerz, oder fühlen sie sich gut an? Atme weiterhin entspannt ein und aus.
- Geh weiter zu den Knien. Was nimmst du wahr, was spürst du?
- Lenk deine Aufmerksamkeit zu deinen Oberschenkeln. Was teilen sie dir mit?
- Jetzt wendest du dich deinem Rücken zu, der bestimmt besonders deine Aufmerksamkeit braucht. Nimm deinen unteren Rücken wahr, den mittleren Rücken, den oberen Rücken, die Wirbelsäule. Versuch weiter bewusst ein- und auszuatmen, um deine Entspannung zu unterstützen.
- Nun gehst du weiter zu deinen Armen, den Unterarmen, den Oberarmen, den Ellenbogen. Wie fühlen sie sich an? Teilen sie dir etwas mit?
- Geh weiter zu deinen Händen: Wie fühlen sich deine Finger an, die Handinnen- und -außenseiten? Nimm dir die Zeit, die du brauchst, ohne jeglichen Druck.
- Gleite, wenn du so weit bist, weiter zum Nacken. Wie fühlt er sich an? Teilt er dir etwas mit? Bist du verspannt?
- Weiter geht es zu deinem Kopf. Atme tief und ruhig. Wie fühlt sich dein Gesicht an?
- Nimm bewusst und nacheinander deine Augen, deine Nase und deinen Mund, deine Stirn und deine Schläfen wahr.
- Wie sieht es in deinem Kopf aus? Dreht sich das Gedankenkarussell, oder fühlst du dich entspannt und gelassen? Bewerte nichts, nimm nur wahr, du musst nichts ändern oder verbessern. Atme einfach weiter.

- Kehr wieder zum Atem zurück und öffne langsam die Augen. Streck deinen Körper, mach dich lang, greif mit den Händen über deinen Kopf und reck dich.
- Lass die erholsamen Momente noch ein wenig nachklingen, bevor du in den Tag startest, schlafen gehst oder was auch immer vor dir liegen mag.

Vielleicht konntest du dich auf den Body-Scan noch nicht ganz einlassen. Das ist nicht schlimm und völlig normal. Alles, was man zum ersten Mal macht, ist ungewohnt und neu. Aber vielleicht konntest du dich besser entspannen, als du es erwartet hast? Üb einfach weiter, der Body-Scan kostet nichts außer etwas Zeit, die du dir selbst schenkst.

Mehr Wohlbefinden durch richtiges Atmen

Das richtige beziehungsweise bewusste Atmen ist ein entscheidender Anker der Meditation. Bereits die regelmäßige und gezielte Durchführung einer Atemübung kann dich innerhalb weniger Minuten aus gestressten Situationen herausholen, die Verwirrung in deinem Geist auflösen und dein Wohlbefinden wiederherstellen. Während zu kurzes, ungenügendes Ausatmen den Muskeltonus erhöht und das sympathische (aktivierende) Nervensystem anregt, spricht langes Ausatmen das parasympathische Nervensystem an und entspannt uns.

Die Erklärung hierfür: Ein- und ausatmen, das ist ein Vorgang, den unser Körper von ganz allein und ohne unser Zutun durchführt. Da die Atmung vom vegetativen Nervensystem gesteuert wird, also nicht unserem Willen unterliegt, kann man an ihr auch ablesen, ob wir gestresst, ängstlich, angespannt oder entspannt und zufrieden sind. Unter Stress atmen wir nicht nur schneller, sondern auch oberflächlicher. Sind wir hingegen durch eine gute Nachricht erleichtert oder erfreuen wir uns an etwas, atmen wir tief durch. Ebenso ist es, wenn unsere Gedanken zur Ruhe kommen, wir tiefen Frieden fühlen oder einfach nur dankbar sind – wir bekommen buchstäblich wieder Luft zum Atmen.

Nun ist die Atmung Teil des nicht beeinflussbaren vegetativen Nervensystems, aber innerhalb dessen die einzige Funktion, die wir trotzdem mit etwas Übung steuern können. Schon nach kurzer Zeit wirst du spüren, dass physiologisch richtiges Atmen, also mit längerer Aus- und kürzerer Einatmung und zusätzlicher Wahrnehmung der Atempausen dazwischen, befreiend und beruhigend auf Geist und Körper wirkt. Du kannst die folgende Atemübung bequem im Bett durchführen, gleich zu Beginn eines neuen Tages. Oder du suchst dir einen schönen Platz in der Natur. Aber auch in einfachen Alltagssituationen kannst du unbemerkt atmen üben, an einer Bushaltestelle, beim Abspülen oder auf dem Sofa sitzend.

DIE FÜNF-SEKUNDEN-ATMUNG

- Konzentrier dich bewusst auf deine Atmung. Wenn du magst, schließ für einen Moment deine Augen, so fällt es dir vielleicht leichter, dich zu konzentrieren.
- Atme nun tief durch die Nase ein. Bevor du wieder ausatmest, halte eine Atempause ein, indem du bis fünf zählst. Atme dann langsam und durch den Mund wieder aus, bis deine Lunge sich leer anfühlt.
- Diesen Vorgang wiederholst du fünfmal.
- Wenn du diese Übung regelmäßig in deinem Alltag durchführst, wirst du schon bald spüren, dass du gelassener und entspannter bist.

Nun hast du schon viel über die Grundlagen der Achtsamkeit erfahren: Mit der Atembeobachtung, dem Body-Scan und der Fünf-Sekunden-Atmung hast du drei sehr wirksame Instrumente an die Hand bekommen, um deinen Geist und deinen Körper auf Achtsamkeit »zu programmieren«, und den Atem als wichtigen Anker kennengelernt. Im nächsten Kapitel lernst du, wie du Achtsamkeit im Pflegealltag praktizieren kannst und wie du davon profitierst – ebenso wie dein Angehöriger.

Achtsamkeit im Pflegealltag einsetzen

Willst du dich wieder an den kleinen und schönen Momenten und Augenblicken erfreuen, die dir das Leben schenkt? Wenn du schöne und bewusste Momente sogar gezielt herbeiführen könntest, wärst du dann nicht zufriedener und gelassener? Diese Effekte schenkt dir die Achtsamkeitspraxis. Dass Achtsamkeit erlernbar ist und einen immensen Effekt auf das Wohlbefinden hat, ist keine Idee von mir, sondern zahlreiche wissenschaftliche Studien weisen dies inzwischen nach: Achtsamkeit lässt dich innerlich zur Ruhe kommen, reduziert Stress und lässt dich authentischer sein. Achtsamkeit in deinen Pflegealltag einzubinden, wird dich also gesund erhalten und darüber hinaus dein Verhältnis zu deinem Angehörigen verbessern.

Es gibt verschiedene Bereiche, in denen du Achtsamkeit üben kannst. Beginnen wir gleich mit einem sehr essenziellen, der Kommunikation.

Achtsame Kommunikation

Gutes Zuhören ist wesentlicher Bestandteil einer achtsamen Kommunikation. Hierbei spielen nicht nur die Worte, die wir aufnehmen, eine entscheidende Rolle, sondern auch, inwieweit wir Empathie empfinden und welche Informationen wir über nonverbale Signale (Körpersprache) unseres Gegenübers erhalten. Respektvolle und achtsame Kommunikation kann helfen, Missverständnisse zu vermeiden oder aufzuklären sowie die gemeinsame Beziehung zu verbessern und zu stärken. Dazu gehören aktives und nicht bewertendes Zuhören, körperliche Präsenz, Sinneswahrnehmungen, Einfühlungsvermögen und zu guter Letzt Dankbarkeit. Gerade in angespannten Situationen passiert es uns, dass wir ungewollt jemandem ins Wort fallen, weil wir gerade das Bedürfnis haben, uns dem anderen mitzuteilen. Dein Gegenüber möchte dir vielleicht in diesem Moment selbst etwas Wichtiges mitteilen, kann jedoch nicht so schnell die passenden Worte finden. Wenn wir ihn unterbrechen, kann das zu Frustration führen.

Beginn mit deiner »internen« Kommunikation und beobachte dich: Wie sprichst du beispielsweise mit dir selbst, wenn dir etwas nicht gelingt? Kritisierst und verurteilst du dich dafür? Wenn ja, versuch in Zukunft, dir selbst Respekt und Verständnis zu schenken, so als wärst du deine beste Freundin. Und das gilt auch für den Umgang mit deinem Angehörigen: Kommuniziere offen und respektvoll mit ihm, auch wenn du gerade gestresst bist oder es dir an Geduld fehlt. Atme ein paarmal tief ein und aus, um wieder einen klaren Gedanken zu fassen und zu dir zu finden. Wenn du dich gestresst fühlst, frag dich, was dich aus der Ruhe bringt. Lass deinen Angehörigen aussprechen, unterbrich ihn nicht. Schau ihm beim Zuhören freundlich in die Augen, nicke ab und zu bestätigend und versuch, deine Mimik zu entspannen. Menschen mit Demenz nehmen Körperhaltung, Mimik und Stimme oft intensiver wahr als Worte. Dazu mehr unter »Wertschätzende Kommunikation«, Seite 139.

Die Bestandteile der achtsamen Kommunikation

Im Folgenden findest du eine Liste mit Erläuterungen, was achtsame Kommunikation erfordert. Natürlich musst du nun nicht alles auf einmal umsetzen. Beobachte dich zunächst und pick dir zum Beispiel nur einen Bestandteil heraus. Vielleicht versuchst du, deinen Angehörigen für einen Tag konsequent nicht zu unterbrechen, am nächsten Tag achtest du besonders auf seine Körpersprache.

Nicht unterbrechen: Lass dein Gegenüber ausreden, auch wenn dir gerade etwas auf der Seele brennt, du anderer Meinung bist oder dein Gegenüber etwas länger braucht, um die passenden Worte zu finden. Ruhig zu bleiben und weiter zuzuhören, fällt dir vielleicht schwer. Nutz die Gelegenheit, um auf deine Atmung zu achten und aufkommende Emotionen und Impulse zu kontrollieren, Geduld zu üben und Ruhe zu bewahren.

Beobachtung: Neben dem guten Zuhören ist Beobachtung ein Teil der achtsamen Kommunikation. Schau dein Gegenüber an, achte auf seine Mimik, seine Körperhaltung. Wie geht es ihm heute? Macht er sich vielleicht Sorgen? Ist er mit seinen Gedanken überhaupt hier?

Körpersprache: Achte darauf, wie du sitzt oder stehst, denn deine Körpersprache zeigt deinem Gegenüber an, wie es dir geht, ob du gelangweilt, gestresst oder körperlich und geistig präsent bist. Nutz deine Sinne und nimm den Klang der Stimme, die Mimik und Gestik deines Gegenübers wahr. Ist die Stimme leise, ruhig, laut, schnell, nuschelig, traurig, fröhlich? Schau dir seine Körperhaltung an – nonverbale Kommunikation sagt oft so viel mehr, als Worte ausdrücken können.

Einfühlungsvermögen: Eine achtsame Kommunikation ist weitaus mehr als nur der Austausch von Worten. Wir sind in der Lage, die Bedürfnisse und das Befinden unseres Gegenübers zu erkennen, zu verstehen und darauf einfühlsam zu reagieren. So lassen sich Missverständnisse häufig schon durch achtsame Kommunikation vermeiden.

Reflexion: Nimm dir Zeit, deine Gefühle und Gedanken zu reflektieren. Das ist natürlich auch vor einem Gespräch möglich, wenn du weißt, was zwischen euch beiden besprochen werden soll. Im Allgemeinen findet Reflexion aber eher nach einer Unterhaltung statt. Schreib am besten auf, was dir durch den Kopf geht. Verurteile deine Gedanken und Gefühle nicht. Es geht nur darum, in dich hineinzuspüren und wahrzunehmen. Hier kann dir die Atemmeditation (siehe Seite 52) besonders gut helfen, loszulassen und Ärger aufzulösen.

Die folgende Visualisierung finde ich auch sehr hilfreich: Stell dir vor, du wirfst einen Ast, ein Blatt oder kleines Papierschiff in einen Bach oder Fluss. Das Wasser trägt den Gegenstand mit der Strömung davon. Nutz dieses Bild vor deinem inneren Auge, um Emotionen und Gedanken loszulassen: Mit einer bewussten langsamen Ausatmung gibst du alle Emotionen in den Fluss und lässt sie vom Wasser davontragen. Dasselbe tust du mit deinen Gedanken. Das schenkt dir Erleichterung und setzt Energien frei, die du sicher gut für anderes gebrauchen kannst. Diese Visualisierung kann dir helfen, in schwierigen Situationen besser auf dein Gegenüber einzugehen und trotzdem deine Gefühle und Gedanken nicht zu ignorieren, sie aber loszulassen. Mehr Informationen dazu findest du unter »Wertschätzende Kommunikation«, Seite 139.

Achtsam bleiben in Stresssituationen

Gerade wenn wir einen Menschen mit Demenz betreuen, bleiben schwierige und stressige Situationen nicht aus. Sein Verhalten kann sich verändern, es passieren beispielsweise öfter Missgeschicke, die unsere Geduld herausfordern. Sei es, dass eine Tasse Kaffee schon zum vermehrten Male verschüttet oder zu Boden gegangen ist, dein Angehöriger mit den Fingern isst, merkwürdige Geräusche von sich gibt oder so tut, als habe er dich und deine Bitte nicht verstanden. Oder du bist gestresst, weil du vielleicht wichtige Dinge beim Einkauf vergessen hast, das dringend benötigte Handy nicht aufgeladen ist. Dann ärgerst du dich über dich und gehst hart mit dir ins Gericht. Ich weiß, es ist manchmal wirklich nicht einfach, ruhig und achtsam zu bleiben. Aber ich kann es nur wiederholen: Nur wenn du gut zu dir selbst bist, kannst du entspannt und gelassen auf deinen Angehörigen eingehen.

Achtsamkeit im Zusammensein bedeutet, präsent zu sein, ohne mit den Gedanken in die Vergangenheit oder Zukunft abzudriften, du bist konzentrierter, und es geht weniger schief. Deine innere Ruhe wird sich auf deinen Angehörigen übertragen. Und ganz wichtig: Auch wenn eine Tagesstruktur geplant ist, darf die Einhaltung dieses Plans nicht in Stress ausarten. An manchen Tagen funktioniert eben ein Plan besser als an anderen Tagen. Daher versuch nicht, immer alles unter Kontrolle zu haben. Deine Logik und die Logik deines Angehörigen werden sich im Laufe der Erkrankung voneinander entfernen – es wird Reibungspunkte geben. Natürlich darfst du dich ärgern, aber in einem gesunden Ausmaß. Lass dich nicht von deinem Ärger davontragen. Je gelassener du in einer Situation bleibst, umso besser kannst du deine Kräfte einteilen.

Schnelle Stressblocker

Gelassenheit und Selbstmitgefühl in stressigen Situationen kannst du mit den folgenden einfachen Übungen trainieren. Bereits einige Atemzüge bewirken wahre Wunder und können Stress schnell entgegenwirken.

Achtsames Durchatmen: Schließ, wenn möglich, deine Augen für einen Moment. Atme tief ein und langsam aus. Die Atmung darf gern hörbar sein. Folgendes kannst du gern dabei laut oder in Gedanken sprechen: *Energie einatmen – Stress ausatmen.*

Die Ausatmung sollte auch hier immer länger sein als die Einatmung. Üb dich mindestens dreimal am Tag im achtsamen Durchatmen. So trainierst du deine mentale Stärke und kannst in stressigen Situationen in die Gegenwart zurückfinden und deine Gedanken und Emotionen beruhigen.

Weitere Atemtechniken

Im Folgenden stelle ich dir zwei Atemtechniken vor, die ein Zählen im Kopf erfordern. Keine Angst, das ist sehr einfach und trotzdem enorm effektiv. Zum Beispiel die 4–7–8-Atemtechnik: Sie hat ihren Ursprung im Yoga und wurde von dem US-amerikanischen Arzt Andrew Weil entwickelt. Wenn du das Gefühl hast, dass dir gerade alles zu viel wird, kann dich diese Atemübung schnell wieder in Ruhe und Balance bringen.

4-7-8-ATEMTECHNIK

- Setz oder leg dich entspannt hin und platzier deine Hände auf den Brustkorb oder auf den Bauch. Schließ gerne deine Augen und fokussier dich auf deine Ein- und Ausatmung.
- Atme ruhig durch die Nase ein, während du gedanklich bis 4 zählst.
- Halte deinem Atem an und zähl gedanklich bis 7.
- Atme nun 8 Zählzeiten lang durch den Mund geräuschvoll und langsam aus.
- Führ diese Atemübung fünfmal hintereinander durch. Meist reichen dafür gerade mal eine bis zwei Minuten.

Die folgende Atemtechnik konzentriert sich ebenfalls und noch intensiver auf die verlängerte Ausatmung. Setz dich nicht unter Druck, wenn du dich zu Beginn noch nicht so gut auf die Übung einlassen kannst. Je häufiger du sie durchführst, umso leichter wird sie dir fallen, und du wirst ihren positiven Effekt spüren.

1-10-ATEMTECHNIK

- Such dir einen möglichst ruhigen Raum oder Ort, an dem du ein paar Minuten ungestört für dich sein kannst.
- Nimm eine bequeme Haltung ein. Du kannst dich bequem auf einen Stuhl setzen oder dich für ein paar Minuten aufs Sofa legen.
- Versuch deinen Körper nach und nach bewusst zu entspannen, indem du ihn ähnlich wie beim Body-Scan (siehe Seite 42 ff.) in Gedanken von Kopf bis Fuß einmal durchgehst.
- Beginn dich auf deine Atmung zu konzentrieren, atme durch die Nase ein und durch den Mund wieder aus. Versuch, den Atem

nicht zu kontrollieren, sondern einfach kommen und gehen zu lassen. Wenn du möchtest, schließ gern die Augen, so kannst du dich besser konzentrieren.

- Atme kurz, aber vollständig ein.
- Zähl beim Ausatmen im Kopf bis 10. Wenn du dich verzählst, so ist das nicht schlimm. Versuch diese Übung mindestens fünfmal durchzuführen oder so lange, wie es sich für dich gut anfühlt.
- Beende die Atemübung, indem du das Zählen loslässt, normal weiteratmest und langsam die Augen öffnest. Halte noch eine kurze Weile inne. Reck und streck dich, bevor du den Moment der Stille und Entspannung verlässt und den Tag fortsetzt.

Ärger lohnt sich nicht

Überprüf deine Gedanken: Lohnt es sich, sich über etwas zu ärgern, was bereits vergangen ist? Kannst du daran etwas ändern, wenn du dich aufregst? Geht es dir besser, wenn du dich darüber ärgerst? Wie sehr interessiert dich dieses Missgeschick in ein paar Stunden oder am nächsten Tag? Alles, was bereits passiert ist, liegt in der Vergangenheit und ist nicht mehr zu ändern. Das Einzige, worauf du Einfluss hast, ist die Gegenwart und darin auf deine Gedanken und dein Handeln. Du hast zwei Möglichkeiten: Entweder verharrst du in der Situation, wiederholst deinen Ärger und Frust wie eine Schallplatte, die einen Sprung hat, oder du trittst einen Schritt beiseite und suchst nach einer Lösung. Veränderung ist ein Prozess, der mit einem ersten Schritt beginnt. Je häufiger du etwas ausführst, umso besser wird es dir gelingen, üb also einfach weiter und reflektiere. Nutz gern die Reflexionen, die ich dir in diesem Ratgeber anbiete, um dich selbst besser kennenzulernen.

Nutze entlastende Sätze

Menschen mit Demenz verlieren zunehmend die Kontrolle über ihr Handeln. Überprüf deine Erwartungen an deinen Angehörigen: Je realistischer deine Erwartungen sind und wenn du akzeptierst, dass schwierige Situationen zum Krankheitsbild gehören, desto gelassener kannst du reagieren. Nutz folgende Sätze wie Affirmationen: »Jeder Mensch macht Fehler« und »Mein Angehöriger macht das nicht, um mich zu ärgern«. Ich weiß aus Erfahrung, dass der Umgang mit demenzerkrankten Personen oft sehr kräftezehrend sein kann. Doch wir haben es in der Hand, ob wir es uns zusätzlich schwer machen oder lösungsorientiert handeln. Nutz die Kraft deiner achtsamen Atmung und gib eine Prise Humor dazu, das wird dich stärken und positiv beeinflussen.

Raus aus der Situation

Diese Situation kann natürlich auch auftreten: Du bist als pflegender Angehöriger oft mit so vielen Aufgaben und Gedanken gleichzeitig beschäftigt, dass du vor lauter Stress und Anspannung unachtsam handelst und den jeweiligen Moment nicht richtig wahrnehmen oder einschätzen kannst. Die anhaltende Belastung hat dich als pflegender Angehöriger bereits so gefordert, dass du eine immer kürzere Zündschnur hast. Du bist kaum in der Lage, in Ruhe auf deinen Angehörigen einzugehen. Du hast schon viel zu lange deine Selbstfürsorge vernachlässigt, und dein Körper ruft nach einer Pause. Vielleicht hast du aus deiner Sicht alles versucht, aber für deinen Angehörigen ist nichts richtig, egal, was du tust. Das ist ein niederschmetterndes Gefühl, das kann ich gut verstehen. In solchen Momenten empfehle ich, kurz den Raum zu verlassen, um sich in die Balance zurückzubringen. Indem du das Zimmer verlässt, gibst du dir und deinem Angehörigen Raum für einen Neuanfang.

Perspektivwechsel als Problemlösung

Schwierige Situationen, in denen du nicht weißt, was du tun sollst, wird es also immer wieder geben, darauf solltest du dich einstellen. Du bist gestresst und siehst den Wald vor lauter Bäumen nicht mehr, du gerätst in einen Konflikt mit deinem Angehörigen, vielleicht ist es immer wieder derselbe. Ein Perspektivwechsel, der die Befindlichkeit und die Motive deines

Angehörigen für dich deutlicher macht, könnte dich aus dieser kräftezehrenden Schleife herausholen.

Ich möchte es an einem Beispiel erklären: Dein Angehöriger lässt immer häufiger seine morgendliche Grundpflege nicht zu. Du kannst es nicht fassen, bist gestresst, weil noch so viele Aufgaben auf deiner To-do-Liste stehen. Du kannst sein Verhalten nicht nachvollziehen und gehst mittlerweile davon aus, dass er das mit Absicht macht. Du versuchst es trotz allem weiterhin, und dein Angehöriger schimpft immer lauter mit dir und wehrt deine Versuche, ihn zu waschen, mit den Händen ab. Am liebsten würdest du alles hinwerfen und losheulen. Jemand mit aller Kraft zu unterstützen und dann auf ein solches Verhalten zu stoßen, kann sehr verletzend sein. Die gute Nachricht ist, dass dir ein Perspektivwechsel helfen kann. Die Sicht des Angehörigen zu kennen, wird seine Verhaltensweisen erklären und dich deutlich entlasten.

Zurück zu unserem Beispiel: Stell dir in diesem Perspektivwechsel vor, du bist dein Angehöriger, sagen wir, die Mutter, und beobachtest deine Tochter, die dir morgens bei der Grundpflege behilflich sein möchte. Allerdings bemerkst du, dass sie sehr hektisch ist und ständig auf die Uhr schaut. Das Badezimmer ist noch nicht warm, und du bist recht müde. Deine Tochter sagt dir, dass du dich ausziehen sollst, und verlässt kurz darauf das Bad mit den Worten, dass sie gleich zurück sei. Du weißt nicht, dass sie kurz in der Küche ist, um die Kaffeemaschine anzumachen. Als sie zurückkommt, sitzt du noch immer angezogen auf dem Stuhl. Du hast dich in ihrer Abwesenheit gewundert, wer die ältere Frau im Badezimmerspiegel ist, die dich die ganze Zeit beobachtet. Du weißt nicht, dass dies dein Spiegelbild ist – denn du fühlst dich wie 30 und nicht wie eine ältere Person von vielleicht 75 oder 80 Jahren.

Der Anblick der wesentlich älteren Person irritiert dich und ist dir nicht ganz geheuer. Deine Tochter wirkt noch nervöser und erhebt ärgerlich ihre Stimme, weil du dich noch nicht ausgezogen hast. Nun versucht sie dir beim Ausziehen zu helfen, und du hast das unangenehme Gefühl, etwas falsch gemacht zu haben. Deine Tochter setzt eine ernste Miene auf, weil du dich ein wenig sträubst, deinen Schlafanzug auszuziehen. Du willst dich nicht ausziehen, weil der Raum noch nicht wirklich aufgewärmt ist. So ergibt ein Wort das andere, bis deiner Tochter der Geduldsfaden reißt. Sie nimmt dich mit in die Küche und wirkt richtig sauer, sie scheint zu vermuten, dass du sie ärgern willst …

Die folgende Reflexion hilft dir, in Situationen wie der gerade beschriebenen den Perspektivwechsel einzuleiten, deinen Fokus neu auszurichten, hin zu weniger Stress, mehr Energie und freudigen Momenten mit deinem Angehörigen.

Setz einen neuen Fokus

Geh in dich und überleg, wie du deinen Pflegealltag mit mehr Achtsamkeit gestalten kannst, um Stress zu reduzieren und deine Energie besser einzuteilen. Dafür bitte ich dich, deinen Pflegealltag gedanklich durchzugehen und dich zu fragen:

- Welche Situationen stressen mich?
- Welche Handlungen führen zu Konflikten?
- Wo wird meine Geduld erheblich herausgefordert?

Nimm Block und Stift zur Hand und versuch, deine Gefühle und Emotionen, aber auch körperliche Befindlichkeiten, die gerade in dir aufsteigen, wahrzunehmen und aufzuschreiben (siehe Übung auf Seite 60 f.).

Setz nun den Perspektivwechsel ein (siehe Seite 54): Versetz dich in deinen Angehörigen und versuch, die Situation aus seiner Sicht zu sehen.

Negative Glaubenssätze

Wie du am Anfang des Kapitels erfahren hast, kann Stress sowohl von äußeren als auch von inneren Faktoren, also in uns selbst, ausgelöst werden. Einen enormen Anteil an innerem Stress haben Glaubenssätze. Glaubenssätze können eine positive Aussage haben wie »Ich kann alles erreichen, was ich will« oder »Ich bin gut genug«. Negative Glaubenssätze hingegen wirken einschränkend und hindern dich daran, dein volles Potenzial zu entfalten. Sätze wie »Ich bin nicht gut genug« oder »Ich kann das nicht« sind festsitzende Überzeugungen, über die du dich vielleicht schon öfter geärgert hast – sofern sie dir bewusst sind.

Das Schwierige ist, dass uns negative Glaubenssätze eben oft nicht bewusst sind. Sie wirken aber trotzdem wie ein Filter, durch den du die Welt betrachtest und der deine Wahrnehmung, dein Denken, Fühlen und letztendlich Handeln beeinflusst. Ihr Wahrheitsgehalt geht jedoch im Allgemeinen gegen null. Durch Selbstreflexion und achtsame Arbeit an dir selbst kannst du einschränkende Glaubenssätze erkennen und verändern, um ein erfüllteres und glücklicheres Leben zu führen. Eine gute Hilfe können darüber hinaus positive Affirmationen sein, die negative Glaubenssätze in positive umwandeln.

Zunächst aber geh auf Spuren- beziehungsweise Glaubenssatzsuche und nutz dazu die folgende Reflexion.

Negativen Glaubenssätzen auf die Spur kommen

Nimm Block und Stift zur Hand und schreib deine negativen Glaubenssätze auf, also die Gedanken und Aussagen über dich selbst, die dir begegnen, wenn du dich ärgerst oder es dir nicht gut geht. Räum dir ausreichend Zeit für diese Übung ein, hör und spür in dich hinein. Was hast du an dir selbst auszusetzen? In

> welcher Situation hat dich der Mut verlassen, weil alles schiefgelaufen ist? Was an dir findest du blöd und nervig, was möchtest du gern ändern oder loswerden? Welche negativen und herabsetzenden Aussagen schwirren in deinem Kopf über dich selbst herum?

Negative Glaubenssätze in positive umwandeln

Vielleicht hast du schon beim Aufschreiben gemerkt, wie merkwürdig es ist, dass du dich selbst so herunterziehst? Nun fragst du dich, wie du diese Glaubenssätze »loswerden« kannst? Du musst und sollst sie nicht mit Gewalt unterdrücken, sondern viel besser: Du kannst sie verwandeln – mithilfe von Affirmationen. Affirmationen sind positive Aussagen, die dir helfen, dein Unterbewusstsein neu zu programmieren. Sie unterstützen dich, negative Glaubenssätze durch förderliche und kraftvolle Überzeugungen zu ersetzen. Affirmationen sind Aussagen wie »Ich bin selbstbewusst und stark«, »Ich bin gelassen und ruhig« oder »Ich bin gut, so wie ich bin« und »Ich gebe immer mein Bestes«. Indem du diese Sätze regelmäßig wiederholst, werden sie nach und nach deine negativen Überzeugungen ersetzen. Affirmationen werden in vielen Bereichen eingesetzt, wie zum Beispiel in der Persönlichkeitsentwicklung, im Sport oder in der Psychotherapie. Zahlreiche Studien und Erfahrungsberichte legen nahe, dass die positiven Glaubenssätze helfen können, unser Denken und Verhalten ebenso positiv zu verändern, Selbstbewusstsein und Wohlbefinden zu stärken und unsere Lebensqualität zu verbessern.

Nun können negative Glaubenssätze, die seit Jahren in dir verankert sind, nicht innerhalb von Tagen aufgelöst werden. Es braucht Zeit und Mut, sie in positive und stärkende Glaubenssätze umzuwandeln. Klingt nach etwas Großem? Ist es auch, aber es ist nicht unmöglich, auf diesem Weg ein freieres und gelasseneres Leben führen zu können. Versuch, dir die Zeit zu nehmen, vielleicht einen Platz im Kalender freizuhalten, an dem du wenigstens für ein paar Minuten am Tag an deinen Glaubenssätzen arbeiten möchtest.

In der folgenden Tabelle findest du ein paar Beispiele, wie sich negative Glaubenssätze in positive Affirmationen umwandeln lassen könnten. Nur du kannst die Veränderung einleiten, die du dir wünschst. Mach sie dir zum Geschenk und wachse daran. Der Glaube an dich ist elementar und verleiht dir Kraft und Stärke, alles im Leben zu meistern. Glaub an dich und triff die Entscheidung deines Lebens.

Negative Glaubenssätze umwandeln

Negativer Glaubenssatz	**Affirmation (Kraftimpulse)**
Ich kann das nicht.	Ich kann alles lernen, wenn ich mir genügend Zeit einräume.
Ich bin nicht gut genug.	Ich bin wertvoll.
Mein Angehöriger ärgert mich absichtlich.	Ich erkenne, dass er mit seinem Verhalten ein Bedürfnis äußert.
Ich habe immer Pech.	Ich kann das Gute in jeder Situation sehen.

Praktizier die folgenden Übungen in einer möglichst ruhigen, entspannten Atmosphäre ohne Ablenkung. Versuch dich zu Beginn auf deinen Atem zu konzentrieren und diesen zu beobachten (siehe Seite 45). Ganz wichtig: Nimm dir jeweils nur einen deiner Glaubenssätze vor. Mach nicht zu viel auf einmal – um deine Wahrnehmung und dein Selbstbild zu korrigieren, braucht es nicht nur Zeit und Übung, sondern auch viel Geduld mit dir selbst. Geh auf deinem Weg, deine negativen Überzeugungen »umzuprogrammieren«, ganz behutsam und Schritt für Schritt vor, ohne Druck und Erwartungshaltung.

In der nächsten Übung nutzt du die Kraft der Wahrnehmung und spürst in dich hinein, was bei der Formulierung deiner vorhandenen Glaubenssätze oder Überzeugungen in deinem Körper vor sich geht. Zum Beispiel bei diesem Satz: *Ich bin nicht gut genug.* Wo genau und wie macht sich dein Glaubenssatz körperlich bemerkbar? Erst wenn du die negativen Glaubenssätze in dir und deinem Körper bewusst wahrnimmst, kannst du vergleichen und die Veränderung erspüren, wenn du dich schrittweise deinen tatsächlichen positiven Überzeugungen näherst. Du wirst feststellen, dass die positive Veränderung ein gutes Gefühl in dir erzeugt und dich stärker macht als je zuvor.

ACHTSAMKEITSÜBUNG: GLAUBENSSÄTZE KÖRPERLICH ERSPÜREN

- Setz dich bequem an einen stillen Ort in der Natur oder vielleicht sogar in Ruhe zu Hause vor einen Spiegel.
- Schließ die Augen und beobachte deine Atmung. Denk daran, dass eine lange Ausatmung dich schneller zur Ruhe finden lässt.
- Nun sprich deinen negativen Glaubenssatz aus. Während du das tust, was nimmst du in deinem Körper wahr?
- Wenn du den Spiegel nutzen magst, blick dabei in dein Gesicht und beobachte, wie sich deine Mimik und Körperhaltung verändern.
- Nimm dir ausreichend Zeit, um in dich hineinzufühlen: Schlägt dein Herz schneller? Verändert sich deine Atmung? Spürst du Unwohlsein oder einen Druck in der Magengegend? Welche Gedanken kreisen in deinem Kopf?
- Nachdem du dir deine Wahrnehmung ins Bewusstsein geholt hast, kannst du deinen negativen Glaubenssatz in eine positive Affirmation umwandeln. Geh dazu genauso vor, wie du es vorher mit deinem Glaubenssatz gemacht hast.

- Welche Veränderung nimmst du wahr, wenn du deinen Satz positiv formulierst? Nimm dir ausreichend Zeit, dich und deine Reaktionen auf allen Ebenen zu beobachten, deine körperlichen Gefühle, Emotionen und Gedanken.
- Genieß das gute Gefühl und kehr langsam wieder in den Raum zurück, in dem du dich befindest.
- Schreib deine positiven Affirmationen auf ein Blatt Papier. Platzier das Blatt an einem Ort, an dem du dich häufig und gerne aufhältst. Beispielsweise könnte ein solcher Ort das Badezimmer sein, und du befestigst deine Affirmation dort am Spiegel.
- Damit du unterwegs gut gerüstet bist und deine Affirmation griffbereit hast, schreib sie auf einen kleinen Zettel und leg diesen in deine Geldbörse. Beispiele könnten lauten:
  Ich bin wunderschön, und das zeige ich, indem ich allen Menschen heute mit einem freundlichen Lächeln begegne.
- *Ich bin zuversichtlich und stark und weiß, dass heute viele gute Dinge auf mich zukommen.*
- Nimm deine Affirmation immer wieder zur Hand und sprich sie laut aus, am besten fünfmal hintereinander. Wie fühlt sich das an? Was beobachtest du an dir, aber auch um dich herum? Beschreib, was du fühlst und im Außen wahrnimmst.

Mit der Zeit wirst du es spannend finden, zu erleben, wie sichtbar deine Veränderung wird. Dein Lächeln wird dich sympathisch machen und andere Menschen anstecken zurückzulächeln. Schreib deine Erfahrungen auf, denn eine Veränderung nochmal nachzulesen, stärkt dich in deiner Wahrnehmung von Wohlbefinden, gerade wenn nicht immer alles rund läuft.

Vielleicht fällt es dir zu Anfang etwas schwer, das Positive in deinem Leben anzunehmen. Je häufiger du jedoch die Affirmationen anwendest, desto mehr wirst du währenddessen die Empfindungen in deinem Körper als wohltuend wahrnehmen. Glaub an dich, daran, dass du es verdient hast, deinem Leben seinen wahren Wert zurückzugeben, indem du Negatives in Positives verwandelst. Deshalb empfehle ich dir, diese Übung täglich mindestens einmal zu einem festen Zeitpunkt durchzuführen. Vielleicht sogar gleich am Morgen, wenn du aufstehst. Am besten nimmst du dir pro Woche einen negativen Glaubenssatz vor und transformierst diesen in eine positive Affirmation.

Nachhaltige Transformation

Damit diese Transformation auch nachhaltig ist und dich das positive Gefühl fortan begleiten wird, kannst du deine Affirmation mit einer Vorstellung verknüpfen: Vielleicht denkst du an ein kraftvolles Lied, das dir ein aufbauendes Gefühl verleiht, oder eine strahlende Farbe, die dir Stärke und Mut vermittelt? Oder du suchst dir einen Gegenstand aus, der deine positive Affirmation und deinen Wert widerspiegelt. So können in deinem Gehirn Verknüpfungen geschaffen werden, die deine Transformation einleiten.

Sprich deine Affirmation möglichst laut und mit Begeisterung aus, umso kraftvoller wirkt sie in dir. Du kannst sie beispielsweise bei einem Waldspaziergang in die Natur rufen und einen Baum umarmen. Aus meiner eigenen Erfahrung heraus weiß ich, wie befreiend das ist und wie gut es sich anfühlt, negative Glaubenssätze mit der Zeit auszulöschen und durch positive Aussagen zu ersetzen. Glaub mir, dein Leben wird sich nach und nach in Richtung mehr Wohlbefinden entwickeln. Deine Konzentration, dein Selbstbewusstsein und deine Selbstliebe werden gestärkt.

Nun möchte ich dir eine weitere wertvolle Methode vorstellen, mit der du dich selbst erforschen und innere Konflikte lösen kannst.

The Work: Eine Anleitung für inneren Frieden und zur Konfliktlösung

The Work von Byron Katie ist eine Methode zur Selbsterkundung und Lösung innerer Konflikte. Sie basiert auf vier Fragen und kann zur Problemlösung und zum Umgang mit schwierigen Gefühlen angewendet werden. The Work hat bereits weltweit Anklang gefunden und vielen Menschen geholfen, aus überholten Mustern auszubrechen und inneren Frieden zu finden. Grundsätzlich kannst du The Work als pflegender Angehöriger bei allen Herausforderungen, die mit dem Pflegealltag zusammenhängen, anwenden. Hierzu zählen zum Beispiel Schuldgefühle, herausforderndes Verhalten des Angehörigen, Stress und Burn-out-Symptome oder auch die Schwierigkeit, Hilfe von außen anzunehmen. In all diesen Situationen kannst du die vier Fragen aus The Work stellen. Wichtig ist hierbei, dass du dich ehrlich und offen mit deinen Gefühlen und Überzeugungen auseinandersetzt.

Vielleicht bezweifelst du, dass vier Fragen ausreichen sollen, um eine problematische Situation zu lösen? Ich gebe zu, ich war auch sehr skeptisch, habe jedoch eine einzigartige Erfahrung mit der Methode gemacht. Ich konnte nicht nur ein schmerzliches Erleben auflösen, sondern mich mithilfe der Fragen aus alten Denkmustern befreien und zu schnelleren und positiven Lösungen und Einsichten finden.

Du brauchst für The Work lediglich einen deiner Glaubenssätze, zu diesem stellst du dann die folgenden vier Fragen:

- *Ist das wahr?*
- *Kann ich mit absoluter Sicherheit wissen, dass es wahr ist?*
- *Was passiert mit mir, wenn ich diesen Satz glaube?*
- *Wer wäre ich ohne diesen Gedanken?*

Anhand eines beispielhaften Glaubenssatzes gehen wir im Folgenden die vier Fragen durch. Ich habe dir ebenso beispielhaft die Antworten kombiniert. Natürlich ist dies nur ein kleiner Ausschnitt von The Work, den ich dir hier vorstelle. Aber so bekommst du zumindest einen Einblick, wie eine solche Selbstbefragung aussehen könnte. Wenn *dich The Work interessiert*, findest du im Anhang einen Link zu Byron Katies deutschsprachiger Homepage, auf der du auch ihre Bücher bestellen kannst.

Unser beispielhafter Glaubenssatz lautet:

Ich bin die einzige Person, die sich um meinen Angehörigen kümmern kann.

Die erste Frage lautet: *Ist es wahr, dass ich die einzige Person bin, die sich um meinen Angehörigen kümmern kann?*

Diese erste Fragestellung überprüft deine angenommene Realität und deine Überzeugungen.

Antwort: Du gehst davon aus, dass diese Annahme wahr ist, weil du dich verpflichtet fühlst, dich um deinen Angehörigen zu kümmern.

Die zweite Frage lautet: *Kann ich mit absoluter Sicherheit wissen, dass es wahr ist, dass ich die einzige Person bin, die sich um meinen Angehörigen kümmern kann?*

Diese Frage hat zum Ziel, die Sicherheit deiner Überzeugungen und Annahmen herauszufordern. Wie sicher kannst du wissen, dass dein Glaube tatsächlich der Wahrheit entspricht?

Antwort: Aller Voraussicht nach kannst du das nicht wissen. Es gibt sicherlich auch noch andere Personen, die dazu in der Lage wären, die Pflege und Betreuung deines Angehörigen zu übernehmen oder dich zumindest darin zu unterstützen. Ganz bestimmt stehen noch andere Ressourcen zur Verfügung, an die du noch nicht gedacht hast, wie ein Pflegedienst oder eine 24-Stunden-Betreuung, die dich im Alltag entlasten könnten.

Die dritte Frage lautet: *Was passiert mit mir, wenn ich diesen Gedanken wirklich glaube, dass ich die einzige Person bin, die sich um meinen Angehörigen kümmern kann?*

Mit dieser Frage machst du dir die körperlichen und psychischen Auswirkungen deines Glaubenssatzes bewusst.

Antwort: Horch liebevoll in dich hinein. Was könnte passieren, wenn du an deinem Glauben festhalten würdest? Du könntest beispielsweise im Burn-out landen, also deine Gesundheit könnte so in Mitleidenschaft gezogen werden, dass du selbst Hilfe brauchst und dich eines Tages nicht mehr um deinen Angehörigen kümmern könntest. Wie fühlt sich das für dich an?

Die vierte Frage lautet: *Wer wäre ich ohne diesen Gedanken, dass ich die einzige Person bin, die sich um meinen Angehörigen kümmern kann?*

Diese Frage zeigt dir, dass nur du allein es in der Hand hast, eine Entscheidung für deine Gesundheit und dein Leben zu treffen. Selbstfürsorge und zusätzliche Unterstützung von außen werden dich gesund und stark erhalten, um für deinen Angehörigen da zu sein.

Antwort: Stell dir vor, du könntest entspannt und ohne schlechtes Gewissen planen, weil du weißt, dass auch gut für deinen Angehörigen gesorgt wird, wenn du nicht zur Verfügung stehst und dich um deine Bedürfnisse kümmerst.

Nun weißt du, wie wichtig es ist, für dich zu sorgen und deine Bedürfnisse in den Vordergrund zu stellen – eben deswegen, weil dein Angehöriger davon profitiert, wenn du gesund bleibst. Vielleicht hast du einige Aha-Momente erlebt, aber es kann auch sein, dass dich die Fragen nachdenklich machen und etwas überfordern. Das ist völlig normal und geht vielen Menschen so. Ich empfehle dir, wenn du tiefgreifende Glaubensmuster hast, die du schon seit der Kindheit in dir trägst und die dich immer wieder ausbremsen, einen Therapeuten aufzusuchen, der mit The Work arbeitet (siehe Link im Anhang).

Achtsamkeitsinseln im Alltag

Ich habe es schon zu Beginn erwähnt: Um den Pflegealltag zu meistern, brauchst du einen individuellen Plan. Ebenso planvoll solltest du aber auch vorgehen, um Achtsamkeit in deinen Alltag zu integrieren. Du kannst in kleinen Schritten, nach und nach und ohne Druck und Stress kleine, achtsame Veränderungen in deinem Alltag vornehmen.

Kleine Veränderungen mit großer Wirkung

Stell dir vor, du bist Passagier auf einem Schiff. Der Kapitän hat stets die Route im Blick. Was würde passieren, wenn er nur ein wenig von seinem Kurs abweichen würde? Genau: Das Schiff würde an einem anderen Ort ankommen. Dieses Bild soll dir verdeutlichen, dass es keine großen Schritte benötigt, um ein neues Ziel anzupeilen – man muss nur von seinem gewohnten Kurs, von seinen Routinen etwas abweichen. Von nun an bist du der Kapitän und übernimmst den Kurs deines Lebens. Mit kleinen, achtsamen Justierungen kannst du lernen, dich wieder mehr zu spüren sowie entspannter und gelassener auf unverhoffte Veränderungen zu reagieren. Du lernst, deine Energien besser einzuteilen und effektiver einzusetzen.

Wohin deine Reise geht, ist deine Entscheidung und deine Verantwortung. Aber eines möchte ich vorausschicken: Deinen Alltag achtsam zu gestalten, bedeutet zunächst einmal Entschleunigung. Du bist es sicher gewohnt, alles schnell und effektiv zu erledigen, aber dies birgt die Gefahr, sich nur noch im Autopilot-Modus zu bewegen. Du verpasst die wertvolle Gelegenheit, in der Gegenwart anzukommen und dein Leben bewusst zu erleben – dazu gehört, das Zusammensein mit deinem Angehörigen zu genießen und auch die schönen Momente miteinander wahrzunehmen. Zuerst mag es für dich ungewohnt sein, deine täglichen Routinen langsamer und bewusster anzugehen. Mit der Zeit wirst du jedoch feststellen, dass es dir immer leichter fällt zu entschleunigen, und spüren, dass deine mentale und körperliche Gesundheit erheblich profitiert. Ich selbst habe viele Jahre alles andere als achtsam gelebt, Multitasking war mein Lebensmotto. Vieles in kürzester Zeit zu schaffen, war mein Ziel. Das Leben hat mir gezeigt, dass dieser Weg auf lange Sicht eine Sackgasse ist, in emotionaler, mentaler und physischer Hinsicht. Heute erlebe und fühle ich mich in vielen Bereichen meines Lebens entspannt wie nie und spüre die innere Zufriedenheit und das Glück, das mich umgibt. Dankbarkeit bestimmt mein Leben, Dankbarkeit für jeden Tag, den ich bewusster durchs Leben gehen kann.

Schritt für Schritt entschleunigen

Tag für Tag meisterst du mit viel Liebe und Kraft die Pflege deines Angehörigen. Gefordert wirst du dabei nicht nur physisch, sondern auch emotional. Betrachten wir die Achtsamkeit bezogen auf die Pflegesituation, bedeutet das erst einmal, Zeit für dich zu schaffen, um Ruhe und Gelegenheiten zum Innehalten zu finden. Nur so kannst du deiner eigenen Bedürfnisse gewahr werden und sicherstellen, dass du sie nicht aus den Augen verlierst. Doch Zeit ist ein wertvolles Gut, knapp, besonders wenn man seinen Liebsten pflegt. Deshalb sind die folgenden Übungen nach Zeitdauer eingeteilt, von 1-Minuten-Übungen bis hin zu stundenweisen Auszeiten.

Viele Übungen lassen sich bei den alltäglichen Verrichtungen, zu Hause oder auch wenn du unterwegs bist, anwenden. Probier aus, welche Übungen dir liegen und welche so gar nicht dein Ding sind. Die Übungen, die zu dir passen, kannst du dann in deinen Alltag integrieren. Erinnere dich: Achtsamkeit bedeutet nicht, ständig ruhig und entspannt zu sein. Sie bedeutet, jeden Moment so anzunehmen, wie er kommt – ob er angenehm, unangenehm oder neutral ist. Achtsamkeit verhilft dir zu einem bewussteren

Leben, und sie ist ein Prozess, kein Ziel. Also sei nett zu dir selbst auf dieser Reise der Achtsamkeit.

Das Achtsamkeitsjournal

Es ist wahrlich nicht immer einfach, genügend Achtsamkeit in den Arbeits- und Pflegealltag einzubauen. Was es dir leichter machen kann, ist die Nutzung eines Achtsamkeitsjournals. Das Achtsamkeitsjournal ist eine Art Tagebuch, das dir hilft, Gedanken und Gefühle festzuhalten. Es bietet dir Raum für Dankbarkeit, positive Erlebnisse und Selbstreflexion. Hab keine Angst vor einem zusätzlichen Aufwand: Es bedarf nur weniger Minuten am Tag, um Wichtiges in Stichworten festzuhalten. Bereits vorbereitete Achtsamkeitsjournale, die es im Handel gibt, eignen sich natürlich, aber auch ein persönliches Notizbuch, dass du dir aussuchst, kannst du verwenden.

An folgenden täglichen Fragen kannst du dich orientieren:

- Wie war dein Tag?
- Wie fühlst du dich?
- Wofür bist du heute dankbar?
- Welche Achtsamkeitsübung(en) hast du heute gemacht, und wie waren deine Erfahrungen damit?
- Konntest du dich auf die Übung einlassen, oder bist du mit deinen Gedanken öfter abgeschweift?
- Lag es an der Übung, dass du abgelenkt warst, oder gab es dafür einen anderen Grund? Nenn sie beim Namen, das wird dir helfen, herauszufinden, welche Übungen besonders gut zu dir passen und dir im Alltag wirklich weiterhelfen.

Versuch, deine Erfahrungen mit den regelmäßigen Selbstreflexionen und Perspektivwechseln (siehe Seite 54) im Journal zu notieren. All diese Informationen unterstützen dich darin, dein Leben bewusster wahrzunehmen und auszurichten. Du kannst anhand deiner Aufzeichnungen erkennen, was sich bei dir verändert hat und ob sich in der Beziehung zu deinem Angehörigen ebenfalls etwas zum Positiven verändert hat. Du bist so in der Lage, dich und die aktuelle Situation einfacher und achtsamer zu hinterfragen, statt gefrustet klein beizugeben und dich unter Druck zu setzen.

Kurze Achtsamkeitsübungen von einer bis fünf Minuten

Kurze Achtsamkeitsübungen sind sehr leicht in den Alltag einzubauen. So kannst du dich, gleich in welcher Situation oder bei welcher Aufgabe du dich gerade befindest, deine Achtsamkeit stärken. Daher lege ich dir ans Herz, mindestens eine kurze Achtsamkeitsübung am Tag durchzuführen und Erlebtes aufzuschreiben und zu reflektieren.

Die folgende Übung kannst du hervorragend nutzen, wenn du Leerlauf hast, wie im ärztlichen Wartezimmer, vor einer roten Ampel oder unter der Dusche. Mit den beruhigenden, inneren Bildern kannst du dich von jeglicher Herausforderung abkoppeln und neue Kraft tanken. Denk daran, es ist noch kein Meister vom Himmel gefallen, die Entwicklung einer meditativen Haltung ist ein Prozess, der dir aber mit der Zeit wie das Fahrradfahren in Fleisch und Blut übergeht. Ich bin mir sicher, dass du das mit Bravour meistern wirst. Nur Mut. Glaub an dich.

KURZMEDITATION

- Wenn es möglich ist, schließ die Augen für einen Moment oder fokussier deinen Blick auf eine Stelle in deiner Umgebung.
- Beobachte deine Atmung und vertiefe sie. Denk daran, dass das Ausatmen ein sehr wichtiger Part der Meditation ist. Die längere Ausatmung löst deine Anspannung und befreit und beruhigt deinen Geist.

- Lass vor deinem inneren Auge einen Luftballon am Himmel fliegen, oder stell dir Wolken vor, die vorbeiziehen.
- Beende die Übung mit einem Wort, das dich liebevoll zum Ende kommen lässt. Das kann ein einfaches Wort wie »Danke« sein oder auch eine Affirmation wie: »Ich bin mutig und stark«.
  Sei gut zu dir, denn du hast es verdient, in deiner Güte und Kraft zu bleiben.

Die folgende Übung ist unglaublich leicht in deinen Alltag einzubauen:

KAFFEE- ODER TEEPAUSE

- Wenn du dir wie gewohnt einen Tee oder Kaffee zubereitest, dann mach dies bewusst und langsamer als sonst.
- Achte beim Trinken auf Aroma, Temperatur und Geschmack deines Getränks.
- Genieß dein Heißgetränk: Lass dir Zeit beim Trinken, spür, wie die warme Flüssigkeit sich in deinem Mund verteilt, ihre Temperatur verändert und dann durch die Speiseröhre in deinen Magen fließt.
- Wechsle Tee- oder Kaffeesorten ab, um ihre Vielfalt und Unterschiede wahrzunehmen.

Nimm dir jeden Tag einige Minuten Zeit, um aufzuschreiben, wofür du dankbar bist. Die beste Zeit dafür könnte am Abend sein, bevor du zu Bett gehst. Vielleicht bist du am Morgen erholt wach geworden und hast endlich mal wieder besser geschlafen, oder du bist dankbar für das schöne Gespräch mit einer guten Freundin oder mit der Nachbarin, vielleicht warst du heute viel geduldiger mit deinem Angehörigen, oder ihr habt herzlich gelacht … Was auch immer dir in den Sinn kommt, schreib es auf. Dankbar zu sein, hat einen positiven Einfluss auf deine mentale Stärke und deine Gefühle. Deine Dankes-Notizen helfen, dir bewusst zu machen, was ein gutes Gespräch, ein liebes Wort, ein Lächeln oder ein schöner Moment auslösen kann. Nutz das Achtsamkeitsjournal und notier dir deine wertvollen Erfahrungen und Gedanken.

DANKBAR SEIN

- Such einen ruhigen Ort auf, an dem du dich wohlfühlst. Das kann ein Raum in deinem Zuhause, ein Park, dein Garten oder Balkon sein, einfach ein Ort, der dir das Gefühl von Ruhe und Sicherheit vermittelt.
- Schließ deine Augen und konzentrier dich auf deine Atmung. Stell dir vor, wie die Luft beim Einatmen sanft in deine Lunge einströmt und sie beim Ausatmen wieder verlässt.
- Sollte dein Geist abschweifen, konzentrier dich wieder auf deine Atmung.
- Sobald du dich ruhig und entspannt fühlst, denk an etwas oder jemanden, für den du dankbar bist.
- Stell dir vor, wie die Dankbarkeit aus deinem Herzen aufsteigt und sich dieses Gefühl in deinem gesamten Körper ausbreitet. Von deinem Herzen zu deinen Schultern, über deine Arme bis in die Fingerspitzen, hinunter in deinen Bauch, bis in jede einzelne Zehe hinein.
- Wie fühlt sich das Gefühl der Dankbarkeit an? Erzeugt es Wärme in dir? Ein Gefühl der Zufriedenheit oder vielleicht sogar der Freude? Genieß dieses Gefühl, solange du möchtest.
- Wenn du bereit bist, öffne langsam wieder deine Augen und behalte das dankbare Gefühl bei dir. Nutz dein Achtsamkeitsjournal und notier, was du gefühlt hast.

Achtsamkeit im Haushalt bedeutet, tägliche Aufgaben und Aktivitäten in vollem Bewusstsein und im gegenwärtigen Moment zu erledigen. Es geht darum, den Moment vollständig zu erfassen, alle Sinne einzubeziehen und nicht mehrere Aufgaben gleichzeitig zu erledigen. Wenn du zum Beispiel das Geschirr abwäschst, konzentrier dich ausschließlich darauf.

ONETASKING STATT MULTITASKING

- Wähl eine Haushaltsaufgabe wie abwaschen, staubsaugen oder Wäsche falten.
- Nimm dir einen Moment Zeit, um dich vollständig auf die Aufgabe zu konzentrieren, und setz deine Sinne ein: Spür, wie sich das Wasser und das Spülmittel auf deiner Haut anfühlen, wenn du abwäschst. Hör das Geräusch des Staubsaugers, wenn du saugst. Riech den frischen Duft der Wäsche, wenn du sie faltest.
- Wenn du merkst, dass deine Gedanken abschweifen, bring sie sanft zurück zu der Aufgabe, die du gerade erledigst. Versuch, jeden Moment dieser Aufgabe vollständig zu erleben.
- Nimm einen tieferen Atemzug und halte für einen Moment inne. Spür den Boden unter deinen Füßen.
- Stell dir vor, wie dieses Bewusstsein der Achtsamkeit sich auf deinen gesamten Haushalt ausbreitet. Jede Aufgabe, die du ausführst, jede Bewegung, die du machst, geschieht mit voller Aufmerksamkeit und in wachem Bewusstsein.
- Wenn du mit deiner Aufgabe fertig bist, nimm dir einen Moment Zeit, um das Gefühl der Erfüllung zu genießen, eine Aufgabe in voller Achtsamkeit erledigt zu haben.

Nach ein paar Tagen Onetasking wirst du spüren, wie sich eine neue Leichtigkeit in dir breitmacht. Du kannst diese Übung als Möglichkeit nutzen, Achtsamkeit im Alltag zu finden und gleichzeitig deine Aufgaben zu erledigen.

Die Zeiten ändern sich: Früher gab es Fotoapparate, der Film musste entwickelt werden, und wir mussten zum Teil eine ganze Woche gespannt auf das Ergebnis warten. Dann haben wir die Fotos in Fotoalben geklebt. Heute machen wir mit dem Handy ein Bild, können es sofort ansehen, auf Social Media posten – und anschließend sind die Bilder schnell vergessen. Was würdest du davon halten, wenn du ab heute deine Erinnerungsfotos auf einem Speicherplatz im Gehirn platzieren könntest? Du bräuchtest kein Handy mehr aus der Tasche zu holen …

BESONDERE MOMENTE OHNE HANDY FESTHALTEN

- Wenn du spazieren gehst und dir etwas Schönes begegnet, das du sonst sofort mit dem Handy festgehalten hättest, nimm dir die Zeit und betrachte dieses Bild für einige Sekunden oder auch Minuten.
- »Klicke« mit deinen Augen, um diesen Anblick in deinem Gedächtnis einzufangen. Dieser besondere Moment des Spaziergangs wird ein ganz besonderer Moment werden, wenn du dich später erinnerst und vielleicht anderen davon erzählst. Einen Moment mit all seinen Farben und Formen und Geräuschen in sich aufzunehmen, ist unbezahlbar, und kein Handyfoto der Welt kann das ersetzen.

EINEN BAUM UMARMEN

Einen Baum zu umarmen, erscheint dir im ersten Moment vielleicht lächerlich. Aber lass dich darauf ein: Bäume sind so unterschiedlich wie wir Menschen. Keiner ähnelt dem anderen, und doch haben sie vieles mit uns Menschen gemeinsam. Bäume im Wald stehen allein, und dennoch halten sie zusammen. Manche sind jung und noch recht schmal und klein, andere wiederum sind riesig und scheinen in den Himmel hineinzureichen. Manche Bäume sind sehr alt, zeigen einige Blessuren, und trotzdem trägt ihre Baumkrone einen prachtvollen grünen Mantel. Je tiefer verwurzelt ein Baum ist, umso besser kann er Wind und Wetter standhalten. Die Vögel finden hier einen Zufluchtsort oder ihr Zuhause, andere Bewohner des Waldes nutzen die Bäume, um sich vor Gefahren zu schützen oder um sich fortzubewegen, wie die Eichhörnchen, die von Ast zu Ast und von Stamm zu Stamm hüpfen.

Vielleicht hast du schon einen Baum umarmt, oder vielleicht kannst du den Sinn dahinter noch nicht verstehen. Einen Baum zu umarmen, alleine oder auch mit anderen Menschen gemeinsam, lässt dich die Natur im wahrsten Sinne des Wortes erleben. Benutz alle deine Sinne, um den Baum wahrzunehmen: Berühr seine Rinde, riech seinen Duft, hör das Rauschen der Blätter und betrachte seine Struktur und Farben.

Achtsamkeitsübungen von zehn Minuten bis hin zu einer Stunde

Eine der Basisübungen, die in diese Kategorie gehört und die ich dir täglich empfehle, hast du schon kennengelernt: den Body-Scan (siehe Seite 42 ff.). Versuch, ihn regelmäßig zu praktizieren, er wird zu einer Quelle der Entspannung werden.

Oft stecken wir direkt nach dem Aufstehen schon voll im Geschehen und müssen im weiteren Verlauf des Tages funktionieren. Wie wäre es, wenn du fünf oder zehn Minuten früher aufstehst und beschließt, dass die ersten Minuten des Tages dir gehören? So verschaffst du dir einen Start mit mehr Energie und Frische, was sich auch auf den Rest deines Tages auswirken wird. Mein Vorschlag ist die folgende Übung, mit der du den neuen Tag auf achtsame und bewusste Weise begrüßt – sie dauert ungefähr fünf bis zehn Minuten.

MORGENDLICHER ACHTSAMKEITSGRUSS

- Sobald du aufgewacht bist und bevor du aus dem Bett aufstehst, spür noch mit geschlossenen Augen in dich hinein: Wie fühlt sich die Decke auf deinem Körper und die Matratze unter dir an? Achte auf die Temperatur im Raum: Nimmst du Wärme oder Kühle wahr? Hörst du Geräusche im Haus oder von draußen?
- Öffne dann langsam deine Augen, lass sie sich an das Licht anpassen und schau dich in deiner Umgebung um. Versuch, Farben, Formen und Bewegungen so detailliert wie möglich wahrzunehmen.
- Setz dich auf, die Beine ausgestreckt, die Hände auf den Knien. Atme tief ein und streck die Arme über den Kopf, als ob du den neuen Tag freudig begrüßen möchtest. Atme aus und lass deine Arme langsam zu den Seiten wieder nach unten sinken.
- Steh langsam und bewusst auf und geh zum Fenster. Schau hinaus in die Welt. Welche Farben siehst du? Gibt es irgendwelche Geräusche, die du wahrnehmen kannst?
- Bevor du nun ins Bad gehst, reck und streck dich noch einmal und heiß deinen Tag willkommen.
- Nutz dazu eine dieser Affirmationen oder wähl eine eigene:
- *Ich freue mich auf diesen neuen Tag, der mir viele schöne Augenblicke und Momente bescheren wird. Danke.*
- *Ich bin gut, so wie ich bin, und erfreue mich an den wundervollen Momenten und Augenblicken, die mir heute begegnen werden.*
- *Ich bin dankbar für alles, was ich heute erleben darf, und freue mich darüber, dass ich gebraucht werde und Gutes vollbringen kann. Gleichzeitig sorge ich auch für mich und tu mir selbst Gutes.*

Das Frühstück ist eine wunderbare Gelegenheit, Achtsamkeit zu integrieren und den Tag mit einer bewussten Erfahrung zu beginnen. Gerade wenn du dir im Allgemeinen für das Frühstück nicht viel Zeit nimmst, hat diese Übung das Potenzial, zu einem wahren Genusserlebnis für dich zu werden.

ACHTSAM FRÜHSTÜCKEN

- Wähl einen ruhigen Ort, an dem du dein Frühstück zu dir nehmen kannst, ohne gestört zu werden.
- Bereite dein Frühstück vor, indem du Lebensmittel auswählst, die du wirklich genießen möchtest und die dir guttun.
- Setz dich bequem hin und schalte nach Möglichkeit elektronische Geräte aus, um jegliche Ablenkungen zu vermeiden.
- Nimm dir einen Moment Zeit, um dich zu sammeln. Atme tief durch die Nase ein und durch den Mund aus und konzentrier dich bewusst auf diesen Moment. Spür die Kontaktpunkte mit dem Stuhl, auf dem du sitzt, und die deiner Füße mit dem Boden.
- Überleg nun, wofür du bei diesem Frühstück dankbar sein kannst. Denk an die Menschen, die an der Herstellung der Lebensmittel beteiligt waren, und die Anstrengungen, die notwendig sind, um sie auf deinen Teller zu bringen, wie das Ernten, Verladen und Ausliefern in die Läden.
- Betrachte dein Frühstück: Welche Farben, Gerüche, Formen und Anordnung der Lebensmittel nimmst du wahr? Versuch, alles zu sehen, als wäre es das erste Mal, und bewundere die Vielfalt vor deinen Augen.
- Schließ deine Augen und nimm die Aromen deines Frühstücks wahr. Versuch, einzelne Gerüche zu identifizieren. Vielleicht lassen sie dir das Wasser im Mund zusammenlaufen?
- Nimm einen ersten Bissen zu dir, und schließ wieder die Augen, um dein Geschmackserleben zu intensivieren. Kau langsam und

achte dabei auf die Texturen und Geschmäcker in deinem Mund. Welche Empfindungen nimmst du wahr? Kau ganz bewusst, bevor du schluckst. Versuch jeden Bissen 20- bis 30-mal zu kauen. Dies fördert nicht nur deine Achtsamkeit, sondern regt auch deine Verdauung an.

- Versuch wahrzunehmen, wie es sich anfühlt, ausreichend Zeit zum Frühstücken zu haben. Vielleicht hat sich dein Geschmacksempfinden intensiviert und du konntest Aromen und Düfte entdecken, die du bisher noch nicht bemerkt hattest? Vielleicht hast du durch das achtsame und bewusste Einnehmen des Frühstücks gemerkt, dass du schneller satt geworden bist? Ist dir die Übung schwergefallen, weil deine Gedanken dich ständig abgelenkt haben, oder konntest du dich besser einlassen als erwartet?
- Beende dein Essen in aller Ruhe und lass die Erfahrung noch eine Weile auf dich wirken.
- Wenn du möchtest, notier deine Erfahrungen mit dem achtsamen Frühstück in deinem Journal.

Die folgende Übung schickt dich auf eine entspannende, innere Reise. Sie kann dir helfen, den Druck im Alltag zu reduzieren, und schenkt dir Klarheit. Such dir einen ruhigen Ort, an dem du dich für die Dauer der Übung ungestört fühlen kannst. Das kann ein Platz in deinem Zuhause sein, im Garten, im Park oder ein ruhiger Ort in der Natur. Wenn du möchtest, stell dir einen Timer auf 10 oder 15 Minuten, damit du dich voll und ganz auf die Übung einlassen kannst, ohne auf die Uhr sehen zu müssen.

DEINE ENTSPANNUNGSREISE

- Nimm eine bequeme Sitz- oder Stehposition ein. Achte auf einen geraden Rücken und platzier deine Füße flach auf dem Boden.
- Schließ sanft die Augen oder, wenn du sie geöffnet lassen möchtest, finde einen Punkt in der Landschaft oder in deiner Wohnung, auf dem dein Blick sanft ruhen kann.
- Nimm drei tiefe Atemzüge, bei denen du die Luft langsam einatmest und noch langsamer wieder ausatmest, um deinen Körper und Geist zu beruhigen.
- Richte deine Aufmerksamkeit auf deinen Körper. Spür das Gewicht deines Körpers und wie deine Füße den Boden berühren. Lass deinen Atem natürlich fließen und beobachte das Heben und Senken deines Bauches und/oder deiner Brust.
- Horch nun auf die Geräusche in deiner Umgebung. Versuch, sie nicht zu bewerten oder zu analysieren, sondern sie einfach nur wahrzunehmen. Und welche Gerüche nimmst du wahr? Riechst du das Gras, die Blumen, die Düfte der Natur, die Aromen der Stadt, Gerüche in deiner Wohnung oder in deinem Haus?
- Genieß den Moment, ohne ihn zu bewerten. Spürst du die Luft oder die Sonnenstrahlen auf deiner Haut?
- Verwende deinen Atem als Anker: Jedes Mal wenn Gedanken dich ablenken wollen, kehr mit deiner Aufmerksamkeit zum Atem zurück. Beobachte deinen gesamten Atemzyklus – das Einatmen, das Ausatmen, die Atempause.
- Verweil noch einen Moment, dann reck und streck dich und beende deine Achtsamkeitsübung. Bevor du den Tag fortsetzt, sei dankbar für alles, was du wahrnehmen konntest.

Unsere Nervensysteme müssen eine Flut an Informationen und Reizen verarbeiten, die ständig über flimmernde Bildschirme in allen Größen und Formen auf uns einströmen. Diese Überreizung macht uns nervös, beeinträchtigt unsere Konzentrationsfähigkeit, die innere Balance kommt ins Wanken. In der Not schaltet unser Gehirn auf Autopilot-Modus, und wir bekommen vieles, was um uns herum passiert, gar nicht mehr mit. Wir fühlen uns gestresst und kraftlos, haben mitunter Schlafstörungen. Ohne eine konsequente Erholungspause von all diesen Reizen entsteht im Gehirn ein regelrechter Stau, geistiger Müll, der dringend entsorgt werden sollte, bleibt dort liegen.

Wenn du dich in dieser Beschreibung teilweise wiedergefunden hast, dann kannst du mit vergleichsweise kleinen Schritten deinen Stresspegel enorm reduzieren. Leg zum Beispiel dein Handy ab einer gewissen Uhrzeit in eine Schublade oder in einen anderen Raum. Versuch, mindestens eine halbe Stunde vor dem Schlafengehen keine elektronischen Geräte mehr zu nutzen. Vielleicht gehört es zu deinen wichtigen Ritualen, die aktuellen Nachrichten zu sehen oder zu hören. Doch die meisten Nachrichten stören deinen Seelenfrieden, denn sie bestehen allzu oft aus Schreckensmeldungen. Deshalb empfehle ich dir, vor dem Schlafengehen keine Nachrichten mehr anzuschauen und auch keinen Film, der dich aufwühlt. Lies stattdessen ein Buch oder hör entspannende Musik. Mit der nächsten Übung entkoppelst du dich für eine Stunde von der elektronischen Datenflut.

60 MINUTEN DIGITAL DETOX

- Wähl jeden Tag eine Zeit, in der du ganz bewusst für eine Stunde auf digitale Geräte verzichten willst. Die Stunde vor dem Schlafengehen bietet sich an, da du hier am besten Ruhe finden kannst.
- Wähl eine Aktivität, die du während dieser Zeit machen willst. Es kann Lesen, Musik hören, Zeichnen sein, oder du schaust einfach aus dem Fenster und beobachtest die Natur. Jede Tätigkeit, die dich im Hier und Jetzt hält und deine volle Aufmerksamkeit erfordert, ist hilfreich.

- Während du diese Aktivität ausführst, fokussier dich ganz darauf. Nimm alle Details deiner Umgebung und die Empfindungen in deinem Körper wahr. Wenn Gedanken aufkommen, akzeptier sie und bring deine Aufmerksamkeit sanft zurück auf das, was du gerade tust.

Wir nehmen, ohne nachzudenken, immer wieder die gleichen Wege, ob es zum Einkaufen geht oder zum Arzt, ob wir zu einer Freundin fahren oder den täglichen Spaziergang unternehmen. Dabei kann die Entscheidung, einen anderen Weg einzuschlagen, Genuss und viele neue Erlebnisse mit sich bringen. Willst du es einmal ausprobieren?

NEUE WEGE GEHEN

Nimm dir an einem festen Tag in der Woche vor, einen anderen Weg als üblich zu wählen. Statt dich wie gewohnt zum Lebensmittelladen um die Ecke zu begeben, probier bewusst einen anderen Weg dorthin oder einfach eine neue Einkaufsgelegenheit.
Du betrittst buchstäblich neues Terrain, und wer weiß, was dich dort Wundervolles erwarten könnte? Vielleicht entdeckst du unterwegs ein Café, das nicht nur schön gelegen ist, sondern auch sehr einladend wirkt. Wie wäre es, dir hier eine Auszeit vom Alltag zu nehmen? Oder benutz ganz einfach, anstatt den Aufzug zu nehmen und sofern es deine Gesundheit zulässt, die Treppe. Auch wenn es anfangs unbequem sein mag, wird dich die Bewegung erfrischen und deine Muskeln trainieren.

Achtsamkeit bedeutet unter anderem, die eigenen Grenzen zu erkennen und zu wahren. Dazu gehört es, ehrlich zu dir zu sein und zu akzeptieren, dass du nicht immer alles hundertprozentig leisten kannst und dass es in Ordnung ist, mal Nein zu sagen. Mit der folgenden Achtsamkeitsübung lernst du, besser auf dich zu achten und klarere Grenzen zu setzen.

NEIN SAGEN LERNEN

- Setz dich an einen ruhigen Ort und atme ein paarmal tief ein und aus.
- Richte deine Aufmerksamkeit auf deinen Körper. Was fühlst du? Was nimmst du wahr? Gibt es Teile deines Körpers, die verspannt sind? Stellen, an denen du dich unwohl fühlst?
- Wenn ja: Wo genau bemerkst du das Gefühl? Forsche nach: Hast du dich vielleicht vor Kurzem geärgert?
- Stell dir nun vor, wie du in einer bestimmten Situation, die dir nicht angenehm ist, »Nein« sagst. Wie fühlt sich das im Körper an?
- Nutz diese Vorstellung, um sowohl die körperlichen als auch die emotionalen Empfindungen zu spüren, die mit dem Setzen von Grenzen einhergehen.
- Wenn du eine negative Emotion oder Körperempfindung bemerkst, versuch, dich nicht zu verurteilen oder die Empfindung wegzuwünschen. Akzeptier stattdessen, dass diese Gefühle Teil der Erfahrung sind und dass es in Ordnung ist, sie zu fühlen.
- Praktizier die Übung regelmäßig. Mit der Zeit wirst du feststellen, dass es leichter wird, deine Grenzen zu erkennen und zu wahren.

Längere Achtsamkeitsauszeiten

Solltest du einmal mehr als eine Stunde Zeit zur Verfügung haben, also ein paar Stunden oder sogar einen oder mehrere Tage, habe ich dir im Folgenden ein paar Ideen zusammengestellt. Ich würde dir wirklich ans Herz legen, die Auszeiten für ein paar Stunden oder einen Tag, zumindest einmal im Monat, am besten sogar einmal in der Woche einzuplanen.

ME TIME – MOTIVATION ZUR SELBSTFÜRSORGE

Gönn dir heute eine besondere Freude. Es kann ein langer Spaziergang sein, ein heißes Bad oder dein Lieblingsgetränk in einem gemütlichen Lokal. Lad dir gerne eine Freundin dazu ein. Soziale Kontakte sind so wichtig wie die Luft, die wir zum Atmen brauchen. Sosehr du dich auch um deinen Angehörigen kümmerst, so wichtig ist es, dich selbst immer wieder darin zu motivieren, dir etwas Gutes zu tun. Plan dir dafür auch feste Zeiten in der Woche ein. Nenn es deine Me Time, die nur für dich bestimmt ist. Auch hier ist es wichtig, dass du deine Gedanken und Empfindungen ins Achtsamkeitsjournal schreibst. Wie hast du deine Auszeit / Me Time heute genutzt? Ist es dir schwergefallen, weil deine Gedanken häufig bei deinem Angehörigen waren? Oder hast du es genossen, einfach mal ohne schlechtes Gewissen dir wieder etwas Gutes zu tun? Wie du weißt, ist die Selbstreflexion ein ganz wichtiger Anteil, um wertvolle Kraft aus den Übungen zu ziehen.

Waldbaden hat nichts mit dem Baden im See oder im Schwimmbecken zu tun, sondern mit dem Eintauchen in eine »andere Welt«. Daher ist das Waldbaden eine ideale Achtsamkeitsübung, um den Anforderungen des Alltags eine Zeitlang zu entfliehen. Das Rauschen der Blätter, der Geruch des Waldes, die Lichteffekte, wenn die Sonne durch die Äste gleitet, das leuchtend grüne und weiche Moos, die Waldbewohner wie Vögel, Eichhörnchen und manchmal sogar Rehe zu beobachten – der Wald fährt innerhalb von Minuten Stress herunter und bremst unser Gedankenkarussell. Die Luft, die wir atmen, ist rein und schadstoffarm, unser Geist findet in dieser grünen Oase langersehnte Ruhe. Sollte in deiner Nähe kein Wald zur

Verfügung stehen, dann gibt es vielleicht einen schönen Park, der dich mit der Natur vereint und dir wertvolle Kraft spendet.

DER GENUSS DES WALDBADENS

- Such dir einen ruhigen Waldweg und geh ihn langsam und bedacht entlang.
- Nimm dir einen Moment, um dich auf deinen Atem zu konzentrieren. Atme tief ein, genieß die erfrischende Waldluft, die in deine Nase und Lunge strömt.
- Lenk die Aufmerksamkeit auf deine Füße. Spür, wie der rechte Fuß beim Gehen auf den Boden trifft und wie sich das Gewicht beim nächsten Schritt auf den linken Fuß verlagert und umgekehrt.
- Bleib kurz stehen, schließ deine Augen und hör auf die Geräusche um dich herum – das Rauschen des Windes, das Zwitschern der Vögel, das Rascheln der Blätter unter deinen Füßen. Nimm dir einen Moment, um diese Geräusche vollständig wahrzunehmen.
- Schnupper bewusst die Waldluft. Welche Gerüche kannst du wahrnehmen?
- Öffne deine Augen wieder und betrachte die Natur um dich herum. Nimm die verschiedenen Grün- und Brauntöne wahr, das Spiel von Licht und Schatten auf den Bäumen und dem Boden. Sieh dir die Bäume, Pflanzen und Tiere in deiner Umgebung genau an.
- Berühr Pflanzen in deiner Nähe. Fühl die Textur der Rinde, die Form der Blätter, die Kühle des Mooses.
- Vielleicht nimmst du dir auch etwas zu essen mit, etwas Einfaches wie einen Apfel oder eine Nuss, das du bewusst in dieser ganz besonderen Atmosphäre essen kannst. Schmeck jeden Bissen und achte auf das Gefühl im Mund, den Geschmack, die Beschaffenheit deines Apfels oder deiner Nuss.

- Atme tief ein und aus. Du bist vollständig in deinem Körper und deinem Sinneserlebnis angekommen. Wie ist das Gefühl, deine Sinne so intensiv wahrzunehmen?
- Beende die Übung, indem du dich bei dem Wald und der Natur für diese Zeit der Achtsamkeit und Sinnesstärkung bedankst.

Alpakas – Entschleuniger auf vier Beinen

Viele Menschen suchen nach neuen Wegen, ihren Alltag zu entschleunigen und ihre Batterien wieder aufzuladen. Eine unerwartete Quelle der Ruhe und Entschleunigung sind hierbei Alpakas. Ja, du hast richtig gelesen, Alpakas! Die flauschigen Vierbeiner aus den peruanischen Anden können tatsächlich ausgezeichnete Partner zur Entschleunigung sein. Alpakas sind neugierige und aufmerksame Tiere, aber dennoch geduldig. Sie strahlen eine Gelassenheit aus, die uns daran erinnert, dass es nicht immer Draufgängertum und Schnelligkeit braucht. Manchmal ist es gut, es langsam angehen zu lassen. Das bloße Betrachten und das Streicheln eines Alpakas lassen dich augenblicklich entspannt und erfrischt fühlen. Der Tag eines Alpakas besteht aus Fressen, Ausruhen und sanfter Interaktion mit seiner Umgebung und anderen Mitgliedern der Herde. Alpakas lehren uns, das Leben etwas langsamer und bewusster anzugehen. Ihre sanfte Präsenz kann uns helfen, den Alltag zu entschleunigen und unser Leben auf eine entspannte und gesunde Weise zu bereichern. Es mag eigenartig klingen, aber in der Beziehung zum Alpaka können wir eine neue Perspektive auf unser Leben gewinnen – eine, die Ruhe und Achtsamkeit schätzt.

Vielleicht ist in deiner Nähe ein Alpakahof, der Spaziergänge mit den Tieren anbietet. Allein der Anblick dieser Tiere ist Entspannung pur. Ich gönne mir immer mal wieder Zeit mit Alpakas und führe sie an der Leine. Ein herrliches Gefühl von Achtsamkeit, im gegenwärtigen Moment zu leben und vom Alltag abschalten zu können. Im Anhang Seite 181 findest du weitere Hinweise und im Internet eine ganze Reihe an Höfen mit verschiedenen Programmen, von Alpaka-Wanderungen bis hin zu Kindergeburtstagen mit den flauschigen Tieren.

Barfuß laufen

Wusstest du, dass laut der traditionellen chinesischen Medizin (TCM) in der Fußsohle der gesamte Körper, also die Organe, das Skelett, das Gehirn und sogar die Lymphbahnen, abgebildet ist? Durch die Reflexzonenmassage können demnach verschiedene Regionen des Körpers angeregt werden – über die Fußsohlen und bestimmte Druckpunkte. Diese Füße tragen uns durchs Leben, aber wir beachten sie kaum. Dabei kannst du deine Gesundheit mit etwas mehr Fürsorge ganz einfach unterstützen. Fußpflege ist deswegen auch mehr, als sich die Nägel zu schneiden oder überschüssige Hornhaut entfernen zu lassen. Ein Fußbad oder eine Fußmassage kann viel Gutes bewirken und zu deinem Wohlbefinden beitragen.

Im Sinne der TCM ist Barfußlaufen besonders gesund, da du quasi im Gehen deine Reflexzonen massierst, zudem trainierst du die Muskeln und die Sensorik deiner Füße. Auf einem sogenannten Barfußpfad findest du kleine Wege, die mit unterschiedlichen Materialien ausgelegt sind, mit kleinen oder großen Steinen, feinem oder grobem Sand oder Mulch. Über diese Materialien gehst du barfuß, was sich anfangs vielleicht etwas ungewohnt anfühlt. Wenn du jedoch öfter einen Barfußpfad entlanggehst, wirst du feststellen, dass sich das Gehen in Schuhen anders anfühlt, und du wirst auf den Geschmack kommen, mehr barfuß zu laufen. Allein das Spazieren auf einer leicht feuchten Wiese ist Genuss pur. Achtsames Gehen, vielleicht mit geschlossenen Augen, schärft außerdem deine Sinne und deine Wahrnehmung. Mit Freunden zusammen barfuß zu laufen, kann eine schöne Abwechslung zum Alltag sein.

Stark gegen Stress mit Achtsamkeit und Selbstfürsorge

Stell dir dein Leben wie ein Theaterstück vor: Nur du kannst darin die Hauptrolle übernehmen. Und es gibt wie in jeder Geschichte glückliche und traurige Momente. Die Hoffnung ist dein stetiger Begleiter, und somit besitzt du den Mut und die Kraft, aus jeder Situation das Beste zu machen. Solltest du fallen, stehst du auf und gehst deinen Weg weiter, weil du an das Gute glaubst.

Was machen diese Worte mit dir? Bist du nicht mehr sicher, ob du in deinem Leben noch die Hauptrolle spielst? Wünschst du dir wieder deine Kraft und Gelassenheit zurück, und bist du bereit, dein Leben neu auszurichten? Dass du in der Situation bist, deinen demenzerkrankten Angehörigen zu pflegen, ist nicht deine Schuld. Den wenigsten pflegenden Angehörigen ist zu Beginn wirklich bewusst, was es bedeutet, einen Menschen mit Demenz zu Hause zu betreuen. Sich lediglich über das Krankheitsbild zu informieren, reicht nicht aus, um das Ausmaß der Erkrankung zu verstehen. Das Einzige, was dir völlig klar ist, ist, dass du deinen Angehörigen nicht im Pflegeheim unterbringen und alles daransetzen möchtest, dass es ihm gut geht. Doch der Grat zwischen Fürsorge und Überforderung ist bisweilen schmal. Du kannst Gefahr laufen, dich selbst zu verlieren. Jedoch auch wenn du als pflegender Angehöriger täglich unter Dauerbelastung stehst, kannst du dir deine Kraft zurückholen. Du kannst dem Stress trotzen, indem du ihn besser erkennst – kurz: Du kannst innere Widerstandskraft aufbauen, durch Achtsamkeit und Selbstfürsorge.

Aber zunächst ist es wichtig, zu verstehen, welche Faktoren dazu geführt haben, dass du immer mehr an deine Grenzen kommst. Denn erst dann kannst du diese Faktoren minimieren oder sogar ausschalten. Im nächsten Kapitel erfährst du deswegen, wie du Stress erkennen und wie du ihn verringern kannst.

Stress erkennen und bewältigen

Ein Leben ohne Stress ist im Grunde nicht möglich, da wir ihm im Alltag mal mehr, mal weniger begegnen, das lässt sich nicht vermeiden. Solange wir den Stress jedoch überblicken können, uns nicht von ihm vereinnahmen lassen und mithilfe von Achtsamkeit eine gute Balance zwischen Anspannung und Entspannung einhalten können, ist alles gut. Du wirst immer wieder Momente im Pflegealltag erleben, die dich stressen und viel Kraft kosten werden. Insbesondere wenn deine tägliche To-do-Liste mal wieder ellenlang ist und dir beim Anschauen schon der Kopf raucht und wenn du versuchst, dein vorher gelebtes Leben mit all seinen notwendigen Abläufen und Aufgaben beizubehalten. Du musst schließlich die Verantwortung für ein anderes Leben übernehmen und in deinen Zeitplan integrieren. Wenn du nicht weißt, wie du alles unter einen Hut bekommen sollst, gerätst du unweigerlich in ein Hamsterrad, aus dem du nur schwer entkommen kannst. Hier ist Stress vorprogrammiert, der für beide Seiten zur harten Probe wird. Überforderung kommt gern auf leisen Sohlen, aber wenn sie erst einmal da ist, kannst du sie nur schwer wieder zurückfahren.

Damit du in Zukunft gezielt Stress vermeiden und deinen Fokus mehr auf Selbstfürsorge legen kannst, erfahr im Folgenden, was Stress überhaupt ist und welche Stressauslöser es gibt.

Was ist Stress?

Stress ist eine natürliche Funktion unseres Körpers, die ursprünglich unser Überleben sicherstellen sollte. Spezifische Reize, auch Stressoren genannt, lösen eine physische oder mentale Reaktion aus, damit wir in bedrohlichen

Situationen und bei Gefahr richtig reagieren können. Im Rahmen dieser Reaktion steigert Stress unsere Leistungsfähigkeit und Aufmerksamkeit, um Herausforderungen zu meistern. In der Steinzeit wäre ohne Stress keine Jagd möglich gewesen, oder wir hätten uns nicht vor einem Säbelzahntiger in Sicherheit bringen können. Dieser Stress war also notwendig, um nicht zu verhungern oder selbst verspeist zu werden.

Stress hat also ursprünglich eine positive Funktion. Klingt im ersten Moment vielleicht etwas merkwürdig, aber mit der richtigen Dosis kann Stress gute Effekte haben. Stress kann uns motivieren, etwas zu erreichen, eine komplexe Herausforderung zu meistern. Stress kann unseren Körper bei Entzündungen und Verletzungen unterstützen, wir können mit seiner Hilfe in Gefahrensituationen enorme Kräfte und Ausdauer entwickeln und somit unser und das Leben anderer retten. Allerdings ist der heutzutage übliche Dauerstress, der durch verschiedene Faktoren unserer modernen Gesellschaft ausgelöst wird, schädlich. Dieser negative Stress wirkt sich auf Dauer schädigend auf den Körper und die Psyche aus, das Herz-Kreislauf-System, der Schlaf, die Konzentration und vieles mehr können deutlich beeinträchtigt werden. Anhaltender Stress kann nachgewiesenermaßen sogar zu Depressionen oder Burn-out führen – oder eine Demenzerkrankung fördern.

Deine körperliche und mentale Widerstandskraft leidet also, wenn du dauerhaft unter zu hohen Anforderungen stehst. Du gehst pausenlos an deine Grenzen, bist dadurch immer schneller am Limit und bei geringster Belastung erschöpft, gereizt und unausstehlich. Du gehst unachtsam mit dir um und kannst nur bedingt für deinen Angehörigen zur Verfügung stehen. Wenn du nicht rechtzeitig die Notbremse ziehst und Abhilfe schaffst, dann gerätst du zunehmend in eine Abwärtsspirale. Deine Widerstandskraft wird abnehmen. Stress sollte also niemals unterschätzt werden, denn er kann dich regelrecht lahmlegen.

Dem Stress entgegentreten mit der Stressampel

Mithilfe der folgenden Reflexion kannst du deine persönlichen Stressauslöser aufdecken und herausfinden, in welchen Situationen sie dich am meisten beeinflussen. Zu diesem Zweck hat der Stressforscher Prof. Dr. Gert Kaluza die sogenannte Stressampel entwickelt, einen Wegweiser, mit dessen Hilfe du deinem Stress auf die Spur kommst. Die drei Bestandteile der Stressampel sind erstens die Stressoren, die Stressauslöser im Außen, wie Störungen und Zeitdruck. Zweitens definiert der Forscher die persönlichen Stressverstärker. Das kann zum Beispiel Ungeduld, Perfektionismus oder Selbstüberforderung sein. Beide zusammen sorgen für den dritten Bestandteil, eine Stressreaktion, die sich emotional, körperlich und auch psychisch auswirken kann. Hält diese Reaktion länger an, führt das schnell zu einer längerfristigen Erschöpfung, wie Burn-out oder anderen Krankheiten.

Die Stressampel

1. Stressoren: Zunächst befassen wir uns mit den Stressoren: Beschreib die Situationen, in denen du Stress empfindest. Notier in dein Achtsamkeitsjournal oder auf einem separaten Blatt Papier, welche äußeren Faktoren dich dabei unter Druck setzen:

Ich gerate in Stress, wenn ...

Beispiele:

Ich gerate in Stress, wenn mein Angehöriger ständig die Nacht zum Tag macht und meine Nachtruhe gestört wird.

Ich gerate in Stress, wenn mein Angehöriger sich morgens weigert, sich waschen zu lassen, und ich dadurch mit meiner weiteren Planung in Zeitdruck gerate.

Weiter unten findest du weitere Kategorien, die zum Stress führen können. Nutz diese, um dich selbst zu fragen: Was ist mein persönliches Problem? Was würde mein Leben erleichtern? Versuch dir für das, was auf dich zutrifft, eine konkrete Situation vorzustellen und deine damit verbundenen Gefühle zu Papier zu bringen. Vielleicht ist es immer wieder die gleiche Situation, in der du dich gestresst fühlst. Allein das Aufschreiben kann sehr wohltuend sein. Auch wenn es schwer ist und in dir gerade ein angestautes Gefühl von Wut oder Traurigkeit hochkommt, lass es raus. Unternimm einen Waldspaziergang und schrei es heraus und wein, wenn dir danach zumute ist. Oder du bittest einen guten Freund oder eine gute Freundin, dich zu begleiten, um über die Situation zu sprechen.

Schau dir nun die folgenden Begriffe an: Kreuz an, was auf dich zutrifft, und versuch eine passende Situation zu beschreiben, durch die du unter Stress gerätst.

- ☐ **Zeitdruck:** Mein Tag ist extrem getaktet – ich stehe immer unter Druck.
- ☐ **Körperliche Belastung:** Ich habe stressbedingte, körperliche Beschwerden.
- ☐ **Emotionale Belastung:** Ich kann es niemandem recht machen.
- ☐ **Konflikte in der Familie:** Alle wissen es besser, aber keiner unterstützt mich.
- ☐ **Finanzieller Stress:** Die Kosten wachsen mir über den Kopf.
- ☐ **Rollenkonflikt:** Meine Rolle als Mensch, Ehefrau, Ehemann, Tochter usw. wird vernachlässigt.
- ☐ **Einsamkeit:** Als pflegender Angehöriger habe ich kaum Zeit für soziale Kontakte.
- ☐ **Versagensängste:** Ich habe häufig Angst, der Situation nicht gewachsen zu sein.

2. Stressverstärker: Im folgenden Teil der Reflexion geht es um die Faktoren in deinem Inneren, die deinen Stress verstärken. Womit setzt du dich selbst unter Druck? Hier ein paar Beispiele:
Zu hohe Anforderungen: Ich muss perfekte Pflege leisten und ständig auf Abruf sein.
Schuldgefühle: Ich habe ein schlechtes Gewissen, wenn ich mir Zeit für mich selbst gönne oder Hilfe in Anspruch nehmen muss.
Angst: Ich möchte meinen Angehörigen nicht enttäuschen.
Mangelnde Selbstliebe: Pflege nimmt viel Zeit in Anspruch, ich stelle daher meine Bedürfnisse hinten an.

Hinzu kommen meist negative Glaubenssätze: festsitzende Gedanken über dich selbst und deine Unzulänglichkeit, die bewusst oder unbewusst von deinen frühen Bezugspersonen wie Eltern oder anderen Verwandten an dich weitergegeben wurden. Sich diese Selbstzweifel einzugestehen, ist nicht einfach, aber sehr wichtig, denn schon dies kann deinen Stress mildern. In welchen Aussagen findest du dich wieder?

Häufige Glaubenssätze

- Ich bin die einzige Person, die für meinen Angehörigen sorgen kann.
- Es ist meine Pflicht, mich um meinen Angehörigen zu kümmern.
- Wenn ich um Hilfe bitte, bin ich schwach.
- Ich darf meine Bedürfnisse nicht über die meines Angehörigen stellen.
- Wenn ich nicht ständig verfügbar bin, bin ich egoistisch.
- Ich darf nicht zugeben, dass ich manchmal wünschte, ich hätte diese Verpflichtung nicht.
- Ich muss immer alles allein machen und trage für alles die Verantwortung.
- Ich muss mein ganzes Leben nach meinen Angehörigen ausrichten.

- Ich erhalte von meinem Angehörigen keinerlei Anerkennung.
- Mein Angehöriger ärgert mich immer wieder, und ich weiß, dass er das mit Absicht macht.

Kommt dir die eine oder andere Aussage bekannt vor? Diese Form der Überzeugung kann dazu führen, dass du dich als pflegender Angehöriger übermäßig belastet und gestresst fühlst. Es ist wichtig, dass du verstehst, dass diese Aussagen erworbene Denkmuster sind und nicht die Realität. Selbstreflexion und ein regelmäßiger Perspektivwechsel können dir helfen, so manche Situation aus einem anderen Blickwinkel zu sehen. Einige bewährte Methoden zum Verändern negativer Überzeugungen habe ich dir im Kapitel »Achtsamkeit im Pflegealltag einsetzen« vorgestellt (siehe ab Seite 47).

3. Stressreaktion

Welche körperlichen Symptome verspürst du in stressigen Situationen, Symptome, die sich eventuell schon verfestigt haben? Wenn dir noch andere Symptome als die folgenden Beispiele einfallen, füg diese bitte unten ein.

- Herzklopfen (hoher Puls)
- Beschleunigte oder kurze Atmung
- Muskelverspannungen
- Schweißausbrüche
- Magen-Darm-Probleme
- Mundtrockenheit
- Ständige Infekte
- Kopfschmerzen
- Unruhige Beine
- Kraftlosigkeit
- Schlappheit

Den Alltag durchleuchten

Nun hast du mithilfe der Stressampel deine »Stressstruktur« aufgedeckt. Eine weitere Reflexion wird dir dabei helfen, das tägliche Pensum, das du leistest, realistisch einzuschätzen. Dass du täglich viel leistest, weißt du, aber ist es dir wirklich in vollem Umfang bewusst? An dieser Reflexion kannst du erkennen, ob und wann du für dich Pufferzeiten eingeräumt hast. Vielleicht fällt es dir am Anfang schwer, jede Kleinigkeit zu notieren, das ist völlig normal. Gleichzeitig verstehst du besser, in welchen Bereichen du besonders viel gefordert bist, und erkennst vielleicht, dass und wobei teilweise Unterstützung nötig ist.

Bist du abends ziemlich erschöpft, und es fällt dir schwer, zur Ruhe zu kommen oder zu entspannen? Dann ist diese Aufgabe ganz besonders wichtig für dich. Vielleicht führst du diese Übung zu Beginn eine Woche pro Monat durch. Du kannst dir dazu auch gern eine Tabelle im Computer anlegen. Du sparst damit nicht nur Zeit, sondern behältst einen Überblick über deine Veränderungen im Alltag und darüber, ob du dir ausreichend Selbstfürsorge schenkst.

Diese Selbstreflexion über deinen Alltag erstreckt sich insgesamt über eine Woche. Keine Angst, am Tag brauchst du dafür nur wenige Minuten. Mit der Übung möchte ich, dass du dir darüber bewusst wirst, was du täglich leistest. Indem du direkt im Anschluss an eine Tätigkeit kurz aufschreibst, was du getan hast, wirst du abends erstaunt sein, wie viel Zeit du allein für den Haushalt und deinen Angehörigen aufgebracht hast – abgesehen von all dem anderen, was in deinem Leben noch zu tun ist. Leg, nachdem du die Übungsanleitung durchgelesen hast, das Buch zur Seite, versuch dich zu entspannen. Gönn dir einen leckeren Tee oder Kaffee oder ein anderes Getränk deiner Wahl und reflektiere.

Was tu ich für mich, was tu ich für andere?

- Schreib eine Woche lang stichpunktartig alle Aufgaben auf, die du am jeweiligen Tag erledigt hast, einschließlich der Versorgung deines Angehörigen. Versuch, direkt nach der Tätigkeit eine Notiz zu machen. Verwende für jeden Tag ein gesondertes Blatt. In welchen Bereichen unterstützt du zum Beispiel deinen Angehörigen? Hier einige Beispiele: Toilettengänge, Hilfe bei der Grundpflege, An- und Auskleiden, Inkontinenzmaterialien einlegen und wechseln, Medikamente zusammenstellen und verabreichen.
- Führst du eine Aufgabe an einem Tage mehrere Male durch, wie die Hilfe beim Toilettengang, reicht es, wenn du sie einmal notierst und dann einen Strich für jedes weitere Mal machst.
- Auf der Rückseite des Blattes notierst du, was du dir am selben Tag Gutes getan hast. Es muss nicht immer etwas Großes sein, auch kleine Auszeiten, die dir Freude schenken, sind wichtig und wirkungsvoll. Nimm dir vor, jeden Tag Zeit für dich zu nehmen. Überleg dir mindestens eine Sache, die dir wirklich guttut, und setz sie dann wirklich um, wie einen wichtigen Termin in deinem Kalender.
- Sei ehrlich mit dir und führe diese Übung bis zum Schluss durch. Auch wenn du nicht jeden Tag Zeit für dich gefunden hast, so ist es ein guter Anfang, und du brauchst kein schlechtes Gewissen zu haben.
- Je häufiger du diesen Selbstcheck durchführst, umso leichter wird es dir fallen, Veränderungspotenzial zu erkennen, deine Kraft bewusst einzuteilen und Prioritäten neu zu setzen.
- Sei stolz auf dich. Perfektion ist weder bei dieser Reflexion noch anderswo notwendig. Denk daran, du reflektierst für dich, weil du dir Veränderung nicht nur wünschst, sondern auch

brauchst und weil du es mehr als verdient hast, dein eigenes Leben wieder bewusst zu leben und zu genießen.

Hier einige Beispiele für Tagesblätter:

Datum: __.__.______ Wochentag:

Tätigkeit für andere	Dauer	Wiederholung
Hilfe beim Toilettengang	10 min	IIII
Einkaufen	40 min	I
Essensvorbereitung	30 min	IIII

Datum: __.__.______ Wochentag:

Gutes für mich	Dauer	Wiederholung
Morgenmeditation	10 min	I
Telefonat mit bester Freundin	40 min	I
Buch lesen mit Tee	30 min	I

Innere Widerstandskraft stärken

Die Psychologie bezeichnet die innere Widerstandskraft eines Menschen als Resilienz. Menschen, die eine hohe Widerstandskraft aufweisen, sind fähig, große Belastungen wie Stress, Verluste und Krisen zu meistern, ohne psychischen oder körperlichen Schaden davonzutragen. Vergleichbar mit einer seelischen Rüstung sollte und kann die innere Widerstandskraft gepflegt werden, damit sie intakt bleibt und weiterhin für ausreichend Schutz sorgen kann. Hierbei sind Selbstfürsorge und eine achtsame innere Haltung zwei wichtige Säulen. Natürlich sind Menschen mit dieser inneren Kraft auch einmal traurig und gestresst, aber sie lassen sich davon nicht unterkriegen. Ihre innere Stärke hilft ihnen, ständigem Druck standzuhalten und besser damit umzugehen.

DIE LÖWENZAHN-STRATEGIE

Der Löwenzahn ist unglaublich anpassungsfähig, er gedeiht auf fast allen Böden. Seine lange Pfahlwurzel hilft ihm beispielsweise, Wasser und Nährstoffe in sehr tiefen Bodenschichten zu erreichen, sodass ihm starke Trockenheit nichts aus macht. Selbst Frostgrade lassen ihn unbeeindruckt. Der Löwenzahn vermehrt sich effektiv und zahlreich: Er verteilt in jenem Zustand, den wir als Pusteblume kennen, seine Samen schnell und weit. Außerdem reicht ein kleines Wurzelstück von der Pflanze aus, um eine neue Pflanze zu bilden. Beim Unkrautjäten fällt dies besonders auf: Man kann den Löwenzahn immer wieder aus dem Garten oder vom Gehweg herausreißen, ein Stück Wurzel bleibt immer im Boden, und er wächst rasch wieder nach. Darüber hinaus ist der Löwenzahn widerstandsfähig gegenüber Pestiziden, was für viele Landwirte ein großes Problem darstellt. Seine Blätter sind so robust, dass sein Stoffwechsel selbst dann nicht zum Erliegen kommt, wenn er ausschließlich im Schatten wächst.

Wie du siehst, ist der Löwenzahn trotz vieler Herausforderungen ein wahres Anpassungsgenie. Vielleicht erinnert er dich zukünftig, dass in uns allen eine solch enorme Kraft und Resilienz stecken kann.

Faktoren, die die innere Widerstandskraft stärken

Die Psychologie hat verschiedene Faktoren identifiziert, die unsere Resilienz, unsere Widerstandskraft, stärken können. Dazu zählen die Säulen: Optimismus, Akzeptanz, Lösungsorientiertheit, Verantwortung, soziale Kontakte, Lebensziele sowie die in diesem Ratgeber so wichtigen Säulen Selbstfürsorge und Achtsamkeit.

Selbstfürsorge und Achtsamkeit: Um gestärkt durchs Leben gehen zu können, ist ein achtsamer Umgang mit dir selbst essenziell. Die Kraftquelle – denk an den Löwenzahn – befindet sich in dir, und nur wenn du den Zugang zu ihr findest, kannst du in herausfordernden Zeiten von ihr profitieren. Wer gut für sich sorgt, ist in der Lage, seine Bedürfnisse und den eigenen Wert zu erkennen und zu achten. Selbstfürsorge ist wie ein Muskel: Je regelmäßiger du ihn trainierst, umso stärker wird er und umso effektiver kannst du ihn einsetzen. Selbstfürsorge verhilft zu mehr Zufriedenheit und Leichtigkeit im Leben und steigert zunehmend dein Selbstbewusstsein und deine Selbstverantwortung. Ich kann es nur wiederholen wie ein Mantra: Sorge ich gut für mich, habe ich genügend Kraft, mich auch um andere Menschen zu kümmern und mich für sie einzusetzen. Schenk dir deshalb jeden Tag Liebe und Aufmerksamkeit und sei gut zu dir.

Die Kraft der Achtsamkeit ist das wichtigste Fundament, um die Resilienz in dein Leben zurückzuholen. Achtsamkeit unterstützt dich darin, dir wieder bewusster zu werden, Veränderungen annehmen zu können und das Neue in deinem Leben willkommen zu heißen. Unser gesamtes Leben besteht aus Veränderungen, und wenn wir uns dagegen wehren, wird ihre Last immer schwerer. Deshalb ist Achtsamkeit für mich die wichtigste Säule unseres inneren Wohlbefindens. Sie lehrt uns, uns ganz auf uns und den gegenwärtigen Moment zu besinnen, und dies möglichst ohne Wertung. Fazit: Achtsamkeit ist die Basis unserer inneren Stärke.

Akzeptanz: Wir können die Situation nur verändern, wenn wir diese zunächst akzeptieren. Nur so können wir eine positive Veränderung oder Wendung herbeiführen. Durch Akzeptanz können wir in unserer Kraft bleiben und inneren Frieden in uns finden. Je konsequenter wir die Realität annehmen, umso leichter wird es uns fallen, nach vorne zu schauen, das neue Lebenskapitel anzunehmen und daran zu wachsen.

Optimismus: Mit einer positiven Lebenseinstellung hast du die Kraft, trotz schwieriger Situationen gelassen zu bleiben. Es passieren täglich so viele Dinge, auf die du persönlich keinen Einfluss hast. Du kannst aber wählen: Entweder du lässt dich davon herunterziehen, oder du bleibst ruhig und konzentrierst dich auf die positiven Dinge in deinem Leben und auf das, worauf du Einfluss hast. Positiv zu bleiben, ändert deine persönliche Haltung. Dann bist du in der Lage, alles zu schaffen – selbst wenn die See noch so rau ist, erreichst du das Ufer. Bleib optimistisch und genieß die Gelassenheit, die dich durch den Tag bringt. Sei jeden Tag stolz auf dich in allem, was du tust und bist.

Lösungsorientiertheit: Probleme sind Lösungen in der Warteschleife. Wer also den Fokus auf die Lösung anstatt auf das Problem legt, hat nicht nur schneller ein Problem gelöst, sondern auch Zeit gewonnen. Die Grundvoraussetzung ist, das Problem zu erkennen und anzunehmen. Dafür Lösungen zu finden, stärkt unser Selbstvertrauen und unsere Selbstverantwortung. Wir werden zunehmend gelassener und lernen, besser mit neuen Herausforderungen umzugehen. Hierbei ist Selbstreflexion so wertvoll und effektiv: Sie fördert Lösungsorientiertheit, denn sie ermöglicht eine bewusste Analyse eigener Gedanken, Handlungen und Gefühle. Mittels Selbstreflexion hinterfragen wir Denkmuster und Verhaltensweisen, was uns letztendlich zu einem tieferen Verständnis der Situation führt. Selbstkenntnis verbessert deine Fähigkeit, effektive und für dich passende Strategien zur Problembewältigung zu finden und anzuwenden.

Verantwortung: Wir haben in den unterschiedlichsten Bereichen Verantwortung zu tragen. Ob wir uns im Beruf um ein Projekt kümmern oder im privaten Umfeld einen Angehörigen versorgen, wir tragen für unsere Handlungen Verantwortung. Ebenso wichtig ist es, auch für dein eigenes Leben einzustehen. Du hast die freie Entscheidung, deinem Leben Mehrwert zu schenken und deine Gesundheit zu erhalten. Verantwortung für dein Leben zu übernehmen, ist eine Entscheidung, die du jeden Tag neu für dich treffen kannst.

Soziale Kontakte und Bindungen: Wir Menschen sind keine Einzelgänger. Wir brauchen andere Menschen, die uns guttun, mit denen wir uns austauschen und von denen wir lernen können. Freundschaften helfen uns, stressfreier durch den Alltag zu kommen. Bei gemeinsamen Unternehmungen werden Glückshormone ausgeschüttet, die unser Herz-Kreislauf- und

Immunsystem stärken und im besten Fall Depressionen und Burn-out vermeiden können. Außerdem helfen uns Freundschaften, einen besseren Draht zu uns selbst aufzubauen, denn sie bieten uns einen sicheren Raum für Selbstausdruck und Authentizität. Indem wir die Möglichkeit haben, unsere Gedanken und Gefühle mit vertrauten Freunden zu teilen, erhalten wir so Rückmeldungen, die uns helfen, uns selbst besser zu verstehen. Durch diese emotionale Unterstützung können wir Herausforderungen leichter bewältigen und unsere Selbstwahrnehmung stärken. Wahre Freunde sind wie ein Spiegel, der uns Feedback schenkt zu unseren Stärken, Schwächen und Verhaltensweisen.

Lebensziele: Keine Ziele im Leben zu haben, ist wie das ewige Fahren im Kreisverkehr. Du brauchst ein Ziel, etwas, das dich vorantreibt, Neues zu entdecken, zu erleben und dich weiterzuentwickeln. Insbesondere wenn du deinen Angehörigen schon eine Weile betreut und liebevoll gepflegt hast. Es wird der Tag kommen, an dem du dich von ihm verabschieden musst. Dann muss dein Leben auch ohne ihn weitergehen. Damit du nicht ins Bodenlose fällst, ist es wichtig, dir jetzt Gedanken darüber zu machen, was du dir vom Leben wünschst. Was möchtest du noch erreichen oder erleben?

Maßnahmen zur Reduzierung der Stressbelastung in der Pflege

Körperliche Symptome zeigen sich, wenn der Körper aufgrund von anhaltendem Stress Alarm schlägt. Anfangs melden sie sich leise, mit der Zeit werden die Symptome jedoch lauter und sind kaum zu ignorieren. In erster Linie sind es die Stressoren (siehe Seite 89 f.) die den Takt bestimmen. In der Folge funktionierst du auf Autopilot und versuchst, den Alltag aufrechtzuerhalten. Aber du hast die Wahl, entweder machst du weiter wie bisher, dann wirst du schließlich ernsthaft krank werden und selbst auf Hilfe angewiesen sein. Oder du nutzt vertrauensvoll die Kraft der Achtsamkeit und findest zu deiner wahren Stärke zurück. Möglichkeiten, Achtsamkeit im

Alltag umzusetzen, findest du in den Kapiteln »Achtsamkeitsinseln im Alltag« und »Die Kraft der Achtsamkeit« (siehe ab Seite 66 und Seite 36). Du übernimmst Verantwortung für dein Leben und schenkst dir die Selbstfürsorge, Liebe und Wertschätzung, die dir zusteht. Es wird dir nicht nur erheblich besser gehen, sondern auch den Menschen um dich herum, insbesondere deinem Angehörigen.

Im Folgenden habe ich dir eine Liste mit Vorschlägen für Unterstützung zusammengestellt, darunter sind auch professionelle Möglichkeiten der Entlastung. Scheu dich nicht, sie in Anspruch zu nehmen. All das gehört zur Selbstfürsorge: Du kümmerst dich um dich.

Aufteilen von Verantwortung

Zunächst empfehle ich dir, in deinem engen Umkreis nach Unterstützung zu suchen: Pflege und Betreuungszeiten könnten, wenn möglich, innerhalb der Familie aufgeteilt werden. Auch Freunde deines Angehörigen (oder, wenn sie dazu bereit sind, deine), kannst du miteinbeziehen, um Betreuungszeiten abzudecken, damit du Entlastung findest und Energie auftanken kannst.

Professionelle Pflegehilfe

Du solltest darüber hinaus nicht zögern, professionelle Hilfe in Anspruch zu nehmen, wenn der Stress bereits so überhandgenommen hat, dass deine körperliche oder psychische Gesundheit erheblich darunter leitet.

Professionelle Pflegedienste übernehmen entweder ganz oder teilweise die tägliche Pflege oder unterstützen nur bei bestimmten Aufgaben. Ich weiß, es mag anfänglich ungewohnt sein, jemand »Fremden« im Haus oder in der Wohnung zu haben, doch es schenkt dir Entlastung und Raum. Die Pflege Angehöriger verlangt grundsätzlich schon viel ab, körperlich wie emotional, doch die Pflege von Menschen mit Demenz ist noch kräftezehrender. Hier Unterstützung an der Seite zu haben, die weiß, was sie tut, ist Gold wert. Aber sieh dich frühzeitig nach einem Pflegedienst um, denn die

Verfügbarkeit ist in den letzten Jahren eingeschränkter geworden, weil die Kapazitäten nahezu ausgeschöpft sind. Warte daher nicht zu lang, bis du Kontakt aufnimmst – dir und deinem Angehörigen zuliebe. Pflegedienste bieten neben der Pflege auch noch verschiedene andere Dienstleistungen an: Unterstützung in der Haushaltsführung, Hausnotruf oder Essen auf Rädern. Unterstützung bei der Finanzierung erhältst du ab Pflegestufe 2. Auch hier kann dich die Pflegeberatung bei der Auswahl und Antragstellung unterstützen (siehe Adressen und Links im Anhang, Seite 178 f.).

Unterstützungsgruppen und Angehörigentreffen

Es kann hilfreich sein, dich mit Menschen auszutauschen, die sich als pflegende Angehörige in einer ähnlichen Situation wie du befinden. Unterstützungsgruppen sind ein sicherer Ort, um Erfahrungen zu teilen, Ratschläge zu geben und zu erhalten oder einfach zu erleben, dass man nicht allein ist.

In den meisten Regionen gibt es Treffs für Angehörige Demenzerkrankter. Hier kann man schöne Stunden zusammen verbringen, sich austauschen und vom gemeinsamen Wissen und den gemachten Erfahrungen profitieren. Auch auf Online-Plattformen und in sozialen Netzwerken finden sich immer mehr Gruppen von pflegenden Angehörigen aus ganz Deutschland. Egal, ob du dich gern online austauschst oder du lieber von Angesicht zu Angesicht Kontakte knüpfst, nutz diese Angebote für dich. Es wird dir Kraft und Mut geben, zu erleben, dass du deine Situation mit vielen Menschen teilst.

Auszeit Reha

Es gibt in Deutschland immer mehr Reha-Einrichtungen, in denen du als pflegender Angehöriger Zeit zum Ausspannen und Regenerieren findest, während dein Angehöriger gut versorgt und betreut wird. Dazu findest du Informationen im Kapitel »Auszeit ohne schlechtes Gewissen« (ab Seite 105) sowie Adressen und Links im Anhang ab Seite 175.

Offline- und Online-Pflegekurse

Seit der Covid-Pandemie hat sich vieles verändert, zum Schlechten, aber auch zum Guten. Eine durchaus positive Entwicklung finden wir im Online-Bildungssektor. Dieser ermöglicht es, dass Angehörige flexibler an Pflegekursen teilnehmen können. Es ist grundsätzlich hilfreich und stressreduzierend, sich über die spezifischen Bedürfnisse und Herausforderungen des Pflegebedürftigen zu informieren. Diese Kurse, die unter anderem auch von den Krankenkassen kostenfrei angeboten werden, sprechen verschiedene Themen an wie Gesundheit, Hygiene, Achtsamkeit und Betreuungsrecht. Meine Empfehlung ist die Kursreihe Andersland, die speziell für pflegende Angehörige von Menschen mit Demenz entwickelt worden ist. An vier Terminen à 90 Minuten erfährst du Wissenswertes über die Erkrankung und den Umgang mit deinem Angehörigen. Innerhalb des Kurses ist es möglich, sich mit anderen teilnehmenden pflegenden Angehörigen auszutauschen oder Fragen an den Kursleiter zu stellen. Du kannst im Vorfeld einen Kurs aussuchen, der zeitlich zu deinem Alltag passt. Du solltest einen Zeitrahmen finden, in dem du wirklich mental in der Lage bist, die wertvollen Informationen aufzunehmen. Ich selbst unterstütze als Kursleiterin diese Plattform mit meiner Expertise. Im Anhang (Seite 184) findest du weitere Informationen zum kostenfreien Online-Pflegekurs Andersland.

Psychotherapie

Psychotherapie kann eine sehr wertvolle Hilfe sein, um mit den vielen emotionalen Belastungen, die auf deinen Schultern liegen, umgehen zu lernen. Hier kannst du in einem geschützten Bereich und im vertraulichen Gespräch Kraft tanken. Auch wenn das Wort Psychotherapie Unbehagen in dir auslöst: Ich kann deine Reaktion gut verstehen, aber einfach abzuwarten, bis alles scheinbar wieder gut ist, ist leider der falsche Weg, denn das wird nicht passieren. Du kannst dich wegen einer Psychotherapie beziehungsweise der Suche nach einem Therapieplatz direkt an deine Krankenkasse wenden.

Beratungsstellen

Viele Organisationen bieten spezifische Beratung und Unterstützung für pflegende Angehörige an. Dazu gehören die Pflegeberatung, ehrenamtliche Unterstützungsvereine, die Alzheimer Gesellschaft und andere Vereine, die sich mit dem Thema Demenz und Pflege auskennen und dir zur Seite stehen. Eine Übersicht findest du im Anhang ab Seite 175.

Alternative Wohnformen

Wenn du spürst, die Pflege deines Angehörigen im Zuhause geht über deine Kräfte, gibt es auch noch Alternativen zum Pflegeheim wie Demenz-WGs (dazu mehr ab Seite 104) und andere Entlastungsangebote wie die 24-Stunden-Pflege: Eine Pflegekraft übernimmt dabei die Pflege und Betreuung deines Angehörigen im eigenen Zuhause. Wie du einen passenden Anbieter findest und welche Förderungen dir zustehen, erfährst du bei der Pflegeberatung deines Vertrauens (Adressen zur Online-Suche siehe Anhang). Auch Tagespflegen sind ein sinnvolles Angebot zur Entlastung. Hier findet dein Angehöriger liebevolle und professionelle Betreuung sowie Ansprache durch ein abwechslungsreiches Programm. Du kannst mit der Einrichtung absprechen, an wie vielen Tagen in der Woche dein Angehöriger betreut werden soll.

Frühzeitig vorsorgen

Manchmal ist der Wunsch, den Angehörigen zu Hause zu betreuen, so groß, dass man anfangs bereit ist, alles auf sich zu nehmen. Problem ist, dass es unmöglich ist, einzuschätzen, wie sich die Demenz entwickelt. Aufgrund dessen ist es dann natürlich auch nicht einfach, die eigenen körperlichen und psychischen Kräfte realistisch einzuschätzen. Es kann der Tag X kommen, an dem es zu Hause einfach nicht mehr geht. Was dann? Diese Frage wollen sich viele nicht stellen, doch auch hier ist vorsorgen besser, als in eine übermäßig stressige Situation zu geraten. Solltest du merken, dass eine Pflege zu Hause nicht mehr umgesetzt werden kann, ist es eine enorme Erleichterung, wenn du dich allein oder auch mit deinem Angehörigen zusammen mit diesem Thema bereits auseinandergesetzt hast.

Allerdings muss die Lösung nicht zwangsläufig ein Pflegeheim sein, denn es gibt noch eine andere Wohnform, die ich dir ans Herz legen möchte. In den bereits erwähnten Demenz-WGs wird großer Wert auf familiären Charakter gelegt. In einer Wohngemeinschaft leben zehn bis zwölf Bewohner mit kognitiven Einschränkungen. Die Bewohner werden, so weit wie möglich, in alle täglichen Aufgaben eingebunden, damit sie Normalität und einen sinnerfüllten Alltag erleben. Je früher im Krankheitsverlauf eine demente Person dort einzieht, desto leichter kann sie sich in die Gruppe integrieren. Wichtig ist bei den Demenz-WGs die Beteiligung der Angehörigen, die so auch bestens informiert über Alltag, Organisation und die Zusammensetzung der Wohngemeinschaft sind. Die Angehörigen stellen darüber hinaus einen Pflegedienst an, der 24 Stunden und sieben Tage in der Woche vor Ort stationiert ist. Weil diese Plätze allerdings sehr rar sind, ist es wichtig, sich frühzeitig umzuschauen und bei Interesse auf eine Warteliste setzen zu lassen. Eine Liste hilfreicher Ansprechpartner findest du im Anhang.

Das war viel Information auf einmal. Halte kurz inne und reflektiere an dieser Stelle, welche Anregungen du eventuell weiterverfolgen möchtest. Mach dir Notizen dazu, hier im Buch oder in deinem Journal.

Entlastungsmöglichkeiten reflektieren

- Welche Angebote sind für mich interessant?
- Worüber möchte ich mich näher informieren?

____

____

____

____

All die genannten Maßnahmen können entscheidend dazu beitragen, deinen Stress zu verringern und die Belastung besser handhabbar zu machen. Es ist wichtig, sich daran zu erinnern, dass es in Ordnung ist, Hilfe zu suchen und sich um die eigene Gesundheit und das Wohlbefinden zu kümmern. Jeder Mensch hat es verdient, sich frei zu entfalten und sich weiterzuentwickeln. Ergreif die Chance, mit der Kraft der Achtsamkeit eine wertvolle Wendung für dein Leben einzuleiten. Nutz Selbstfürsorge als Liebeserklärung an dich selbst, ohne dich dabei egoistisch zu fühlen. Es ist eine Entscheidung für dein Leben.

In diesem Sinne möchte ich dir im nächsten Kapitel erklären, wie wichtig auch echte Auszeiten von der Pflege sind und wie du sie organisieren kannst.

Auszeit ohne schlechtes Gewissen

Die schönsten Erinnerungen sind stets Erlebnisse, für die man sich Zeit genommen hat. Ich weiß genau, dass ich immer durchs Leben gehetzt bin, zu viel Ungeduld und Rastlosigkeit im Gepäck gehabt, zu viele Chancen verpasst, zu viele wertvolle Menschen im aufgewirbelten Staub übersehen habe.

CHARLES KURALT

Wann hast du das letzte Mal an dich gedacht und Zeit nur mit dir verbracht? Wann konntest du das letzte Mal richtig durchatmen und den Tag genießen, ohne ständig verfügbar zu sein und an alles denken zu müssen? Vermutlich ist das länger her, oder? Das ist leider normal: Sich eine Auszeit zu gönnen, fällt vielen pflegenden Angehörigen oft sehr schwer. Eine Auszeit kann vieles sein, sowohl kleine als auch größere Unternehmungen. Vor allem alles, was dir guttut, sorgt für ein glückliches und zufriedenes Leben und stärkt deine Gesundheit.

Vielleicht hattet du und dein Angehöriger noch viele Wünsche auf eurem gemeinsamen Lebensplan, ihr wolltet reisen, doch habt es in die Zukunft verschoben, weil anderes wichtiger war oder zumindest erschien. Wie sieht es jetzt damit aus? Denkst du, dass sich deine oder gemeinsame Träume und Wünsche nicht mehr erfüllen lassen? Dass du nun als pflegender Angehöriger alles über Bord werfen musst? Dass du es dir nicht erlauben darfst, an dich zu denken? Wie auch immer deine momentane Situation aussehen mag, es gibt keinen guten Grund, Ziele, Träume und Wünsche aufzugeben. Auch wenn du deinen Angehörigen pflegst und betreust, ist es möglich und sogar wichtig, deinen Bedürfnissen Aufmerksamkeit zu schenken. Du bist nicht weniger wichtig! Bitte vergiss das nicht. Hast du trotzdem mit einem schlechten Gewissen zu kämpfen, können dir folgende sieben Tipps aus der Praxis weiterhelfen:

SO GELINGT DIE AUSZEIT

Sprich offen über deine Gefühle und Bedürfnisse mit einem Freund oder einer Freundin, anderen pflegenden Angehörigen oder professionellen Beratern. Kommuniziere ebenso offen mit deinem Angehörigen. Selbst wenn er nicht mehr mit Worten antworten kann, wird er verstehen, warum Auszeiten für dich wichtig sind. Für sich selbst zu sorgen, sich Auszeiten zu nehmen, hat nichts mit Desinteresse oder mangelnder Fürsorge zu tun.

Beginn mit kleinen Auszeiten, es braucht nicht immer lange Urlaube. Gönn dir kurze, regelmäßige Pausen, in denen du einfach etwas für dich tust. Lies ungestört in deinem Lieblingsbuch, geh spazieren, triff dich mit Freunden. Du wirst sehen, schon kleine Auszeiten können Wunder bewirken.

Plan gut. Wenn du kürzere Auszeiten in deinen Tag oder die Woche einbaust, leg Zeiten fest. Das sorgt für Struktur, die es auch deinem Angehörigen erleichtert, deine Auszeit zu akzeptieren. Außerdem kannst du die Unterstützung von Familienmitgliedern oder Freunden besser organisieren.

Respektiere deine Grenzen. Du bist kein Superheld, und niemand erwartet das von dir. Akzeptier stattdessen, dass du nicht alles allein schaffen kannst. Es ist völlig in Ordnung, um Unterstützung zu bitten. Welche Hilfen dir dabei zur Verfügung stehen, erfährst du im Anschluss an dieses Kapitel.

Du bist viel mehr als nur die Person, die ihren Angehörigen pflegt. Nimm dir daher Zeit für deine Interessen. Finde Hobbys oder Aktivitäten, die dir Freude bereiten, dich ablenken und die du regelmäßig in deinen Wochenplan integrieren kannst. Dies hilft dir, auf Distanz von der Pflegearbeit zu gehen und auf eigene Bedürfnisse zu achten.

Du bist nicht allein. Es gibt viele Pflegende, die, genau wie du, immer für ihren Angehörigen da sind. Vernetze dich mit ihnen, egal, ob vor Ort oder online. Tausche dich mit ihnen aus. Es wird guttun, von ihren Geschichten zu hören und sich gegenseitig zu unterstützen. Gemeinsam ist man weniger allein!

Hab Vertrauen! Auch wenn du nicht da bist, wird dein Angehöriger in guten Händen sein. Natürlich können andere dich nicht ersetzen, doch sie werden dich gut und nach Kräften vertreten.

Vertrauen schenken

Apropos Vertrauen: Es ist oft leichter gesagt als getan. Doch wenn du eine Auszeit nehmen willst, ist es mehr als wichtig, dass du Vertrauen in die Personen hast, denen du die Pflege deines Angehörigen für diese Zeit übertragen willst. Du kannst dein Vertrauen in professionelle oder familiäre Pflegepersonen stärken, wenn du klar kommunizierst, welche Bedenken du hegst und welche Erwartungen oder Anforderungen du an sie stellst. Sprich offen mit ihnen darüber, was dir wichtig ist, und kläre sie über Besonderheiten oder Strukturen in der Pflege deines Angehörigen auf. Um dein Vertrauen zu festigen, gib schon im Vorfeld schrittweise Aufgaben ab. So kannst du sehen, ob diese gut erledigt werden. Positive Erfahrungen werden dich bestärken, loszulassen und den Fähigkeiten anderer zu vertrauen. Hilfreich ist auch regelmäßiges Feedback. Überprüf die geleistete Pflege und teile deinen Eindruck mit. Bist du zufrieden? Müssen Dinge geändert oder angepasst werden? Konstruktive Kritik sowie ehrliches Lob fördern gegenseitiges Vertrauen und helfen, genau die richtige Pflege und Betreuung zu geben, die dein Angehöriger während deiner Auszeit benötigt. Im folgenden Infokasten habe ich ein paar Vorschläge und praktische Möglichkeiten für dich zusammengestellt, wie du deine Auszeit realisieren kannst.

Deine Auszeit gestalten

Du kannst deine Auszeit unterschiedlich gestalten: Sie kann wenige Minuten, ein paar Stunden oder ein paar Tage oder Wochen dauern. Nutz jede Gelegenheit, Zeit für dich in deinen Alltag einzubauen. Ich habe dir ein paar Auszeitmöglichkeiten nach zeitlichem Aufwand aufgelistet.

Kleine Auszeiten zu Hause

Vielleicht ist dein Angehöriger ein Langschläfer oder am Morgen noch sehr verträumt, dann nutz diese Zeit für dich und gönn dir in aller Ruhe deinen Tee oder Kaffee und lies zum Beispiel dabei die Tageszeitung. Ist dein Angehöriger dagegen eher ein Mensch, der gern früh am Abend ins Bett möchte, dann könntest du deine kleine tägliche Auszeit in die Abendstunden verlegen. Telefoniere dann zum Beispiel mit einer guten Freundin oder einem guten Freund. Hast du immer gern gelesen? Tu es weiterhin. Auch wenn deine Zeit eingeschränkter ist als vorher, gib es nicht auf. Lies täglich ein Kapitel oder ein paar Seiten und gönn dir dazu ein leckeres Getränk deiner Wahl. Vielleicht möchtest du aber einfach nur abschalten und die Füße hochlegen.

Stundenweise Auszeiten

Wie sieht es mit Auszeiten außerhalb des Haushalts wie einem erholsamen Spaziergang, Cafébesuch oder dem Treffen von Freunden aus? Denkst du, das wäre nur schwer oder gar nicht realisierbar? Es bedarf zwar einiger Planung, doch unmöglich ist es definitiv nicht. Zuerst ist es wichtig, zu wissen, wer dir wie helfen kann. Der Einsatz der verschiedenen Möglichkeiten richtet sich natürlich auch nach der Mobilität, Selbstständigkeit und Pflegebedürftigkeit deines Angehörigen.

Für kleinere Auszeiten ist der Einsatz eines professionellen Pflegedienstes sehr hilfreich, der die Pflege übernehmen kann. Dies kann mit einer Vereinbarung für einige Stunden in der Woche oder bestimmte Tage festgelegt werden. Der Besuch deines Angehörigen in einer Einrichtung für Tagespflege ist ebenfalls eine sehr gute Möglichkeit, tagsüber Zeit für sich selbst und andere Verpflichtungen zu finden. Du weißt dann, dass dein Angehöriger in guten Händen ist. Die Betreuung findet, wie der Name schon sagt, tagsüber statt und kann für einen bis mehrere Tage in der Woche erfolgen. Darüber hinaus gibt es selbstständige Alltagsbegleiter, Betreuungs- oder Seniorenassistenten, die stundenweise übernehmen.

Tageweise Auszeiten

Planst du ein paar Tage Urlaub oder fällst du aus gesundheitlichen Gründen aus, zum Beispiel aufgrund einer Erkrankung oder einer Reha-Maßnahme, hast du Anspruch auf Verhinderungspflege. Die Pflege kann dann ein naher Angehöriger, Nachbar oder Bekannter, eine Einzelpflegeperson oder ein ambulanter Pflegedienst übernehmen. Aktuell sind dafür zwei Voraussetzungen zu erfüllen: Erstens muss die häusliche Pflege bereits seit mindestens sechs Monaten bestehen, und zweitens muss mindestens Pflegegrad 2 vorliegen. Dann übernimmt die Pflegekasse die Kosten der Pflege für insgesamt sechs Wochen im Jahr. Hier ist eine Aufteilung über das Jahr möglich (Infos und Link dazu findest du im Anhang). Unter der Rubrik Verhinderungspflege/Pflegeberatung findest du unter Meine Empfehlungen weitere Informationen dazu.

Einige Pflegeeinrichtungen verfügen darüber hinaus über Plätze für Kurzzeitpflege. Dein Angehöriger wird dort für eine bestimmte Zeit stationär gepflegt, während du deinen Akku auflädst. In einigen Städten gibt es Vereine, die ehrenamtliche Helfer vermitteln, die stunden- oder tageweise die Betreuung übernehmen, je nach Verfügbarkeit.

Betreuter Urlaub

Darüber hinaus gibt es in Deutschland immer mehr Möglichkeiten für einen sogenannten betreuten Urlaub. Das sind spezielle Urlaubs- oder Ferienzentren, die Urlaub mit deinem Angehörigen ermöglichen und gleichzeitig Pflege- und Betreuungsangebote anbieten. Eine entsprechende Liste, zusammengetragen von der Deutschen Alzheimer Gesellschaft und mir, ist im Anhang zu finden. Unter der Rubrik Verhinderungspflege/Pflegeberatung findest du unter Meine Empfehlungen weitere Informationen dazu.

Reha für pflegende Angehörige

Was du Tag für Tag leistest, fordert dich und kostet dich nicht nur Zeit, sondern vor allem Kraft und Nerven. Du trägst Verantwortung und Sorgen mit dir herum und kämpfst mit Überforderung und Zweifeln. Es kommt nicht selten vor, dass pflegende Angehörige an Muskelverspannungen, Schlafstörungen und Depressionen leiden und kurz vor einem Burn-out stehen. Doch wer pflegt, sollte auch die seelische und körperliche Fitness dafür haben. Um deine Gesundheit zu stärken, gibt es unterschiedliche Reha-Modelle. Bitte nutz dieses Angebot! Wenn Verhinderungs- oder Kurzzeitpflege keine Option für die Betreuung deines Angehörigen in dieser Zeit ist, gibt es Reha-Einrichtungen, in die du deinen Schützling mitbringen kannst. Während deiner Therapiemaßnahmen wird gut für ihn gesorgt.

Weitere Angebote zur Gesundheitsförderung

Viele Kurse zur Burn-out-Prävention, Entspannungskurse oder Fitnessangebote sind kostenfrei, lass dich dazu von deiner Krankenkasse beraten. Präventionskurse bieten die meisten Krankenkassen selbst an, aber auch

Zuschüsse zu verschiedenen anderen Kursangeboten, wenn die Antragstellung vor Antritt erfolgt. Nutz diese Zeit, um etwas Gutes für dich zu tun, so kannst du dich davor schützen, in eine Stressspirale zu geraten, oder dich daraus befreien.

Pflegeberatung

Zu all den genannten Maßnahmen kann dich eine kostenlose Pflegeberatung noch ausführlicher und individueller informieren (Adressen und Links siehe Anhang). Mit einer Pflegeberatung hast du nicht nur einen kompetenten Ansprechpartner, sondern erhältst auch wertvolle Informationen und Unterstützung rund um die Themen Pflege und Betreuung. Der Verbund Pflegehilfe (siehe Anhang) zum Beispiel ist eine wirklich starke Plattform, die (fast) jede Frage schnell und zufriedenstellend beantworten kann, von der Beantragung eines Pflegegrades, über Zuschüsse für altersgerechte Umbauten, Hilfen bei der Organisation von Betreuungs- oder Pflegekräften bis hin zur Beratung zu Pflegediensten und anderen Wohnformen. Pflegeberatungen sind für jeden Angehörigen zwölf Stunden am Tag kostenfrei telefonisch erreichbar. Sie vermitteln darüber hinaus Dienstleister aus der Region. Auch kann man sich bereits über die Website über viele Themen vorab informieren. Natürlich gibt es auch Pflegeberatungen vor Ort, die allerdings oft stark ausgelastet sind. Weitere Informationen findest du im Anhang unter der Rubrik Pflegeberatungen. Beim Verbund Pflege und Compass kannst du dich beispielsweise ausführlich auf deren Website informieren oder auch einfach anrufen und sofort kompetente Informationen zu allen Themen der Pflege erhalten. Die Kontaktdaten findest du im Anhang unter Pflegeberatung.

An die Zukunft denken

Welchen Traum hegst du? Welche Orte würdest du noch gern entdecken? Gibt es ein Hobby, das du wieder aufnehmen möchtest? Dann tu es! Erfüll dir diesen Traum, geh auf Reisen, triff dich mit Freunden, tu, was dir Freude macht und dich entspannt, solange es geht und deine Gesundheit es zulässt. Wir verschieben so oft unsere Träume, weil wir uns für andere Menschen zurücknehmen. Deine Träume sind wichtig und ihre Erfüllung ebenfalls. Vielleicht fragst du eine gute Freundin, ob sie Lust hat, dich zu begleiten. Erschaff dir deine Zukunft jetzt, so weißt du, dass es auch weitergeht, wenn du dich eines Tages ganz von deinem Angehörigen verabschieden musst. Er würde nicht wollen, dass du dein Leben aufgibst, nur um für ihn da zu sein. Viele Beispiele von Angehörigen zeigen, dass beides möglich ist: Träume realisieren und sich gleichzeitig der Pflege eines Angehörigen widmen.

Loslassen, Akzeptanz und Hilfe annehmen

Wenn die Diagnose Demenz im Raum steht, ist die Angst groß, den geliebten Menschen zu verlieren. Obwohl der Betroffene noch viele Jahre vor sich haben kann, stellt sich die Frage, wann der Abschied beginnt. Es ist bekannt, dass jede Demenz anders verläuft, aber wir wissen auch, dass die Krankheit ein Räuber ist. Sie nimmt uns Stück für Stück den Menschen, der schon so viele Jahre an unserer Seite verbracht hat und mit dem wir so vieles teilen. Manche versuchen krampfhaft alles, um die verbleibende Zeit möglichst lange hinauszuschieben. Leider liegt das nicht in unserer Hand. So schwer es uns auch fällt, ist es hilfreich und heilsam, Veränderungen zu akzeptieren, denn der Wandel, den unser Angehöriger mit der Zeit erfährt, kostet uns körperliche und seelische Kraft. Kraft, die wir nicht im Widerstand gegen das Unvermeidliche erschöpfen sollten.

Schwer zu ertragen ist vor allem der emotionale Schmerz, mitansehen zu müssen, wie die Demenz einen Menschen verändert. Aber Leben bedeutet, die Momente zu leben und nicht in ihnen zu verharren. Deshalb lerne loszulassen, damit du die Hände frei hast, um deine Zukunft nach deinen Wünschen und Bedürfnissen zu gestalten. Wir Menschen neigen dazu, uns an anderen Menschen, Erinnerungen und Gegenständen festzuklammern. Veränderungen machen uns Angst, und wir verleugnen sie, um uns in Sicherheit zu wähnen. Hilfe wird abgelehnt, oder man traut sich nicht, danach zu fragen.

Akzeptanz leben

Wir wollen hier zwei Arten des Loslassens näher betrachten. Zum einen geht es um Akzeptanz. Was könnte dich davon abhalten, zu leben, nach vorn zu schauen und noch ganz viele schöne Momente mit deinem Liebsten zu genießen? Es sind die schlimmen Zukunftsängste, das Festklammern an der Vergangenheit, das Verdrängen der Erkrankung und der kommenden Änderungen sowie die verzweifelte Hoffnung auf baldige Heilung. Akzeptier stattdessen, dass die Demenz voranschreiten und dass dein Angehöriger sich nach und nach verändern wird. Es ist immens wichtig, die Realität anzunehmen und bewusst anzuerkennen, dass du weder alles kontrollieren noch die Krankheit aufhalten kannst.

Vorteile des Akzeptierens

Das Akzeptieren der Erkrankung hat verschiedene Vorteile für dich und deinen Angehörigen. Erstens reduzierst du Stress, indem du dich von unrealistischen Erwartungen und dem Druck löst, die Krankheit stoppen oder kontrollieren zu müssen.

Zweitens verbessert es eure Beziehung zueinander. Du öffnest dich für das, was ist, und bist bereit für das, was kommt. So nimmst du die veränderten Bedürfnisse deines Angehörigen besser wahr und kannst benötigte Unterstützung anbieten. Es wird einfacher für dich, sich in seine Perspektive hineinzuversetzen und mit Mitgefühl zu reagieren, auch wenn es schwierig ist. Das bessere Verständnis erleichtert euch das Miteinander.

Drittens gibt dir tieferes Verständnis die Chance auf Selbstfürsorge. Die Befreiung von Zwängen und Wunschdenken unterstützt dich, dass du dich mehr auf deine eigenen Bedürfnisse konzentrierst und für dich selbst sorgst. Du kannst lernen, Unterstützung anzunehmen, Grenzen zu setzen und darauf zu achten, diese einzuhalten. Akzeptierendes Loslassen hilft dir, deine Akkus rechtzeitig aufzutanken und ausreichend Zeit für dein eigenes Leben aufzubringen. Du kannst regelmäßige Auszeiten einplanen, und dies bewahrt dich vor einem Burn-out, einem Erschöpfungszustand, der nur mit viel Anstrengung, Therapie und Zeit wieder geändert werden kann.

Viertens verhilft dir Akzeptanz zu realistischen Erwartungen bezüglich des Verlaufs der Erkrankung.

Fünftens wird Akzeptanz deine Lebensqualität verbessern. Du kannst dich viel mehr auf die positiven Momente und die Qualität der gemeinsamen Zeit konzentrieren. Es gelingt dir damit, die kleinen Freuden und Erfolge mehr wertzuschätzen und euer gemeinsames Leben trotz der Veränderungen und Herausforderungen zu genießen. Klingt das nicht gut?

Lass dir Zeit

Das Annehmen von Veränderungen, die uns im Leben begegnen, braucht natürlich Zeit. Es ist ein Prozess, den wir lernen können. Es erwartet keiner von dir, dass du alle deine Sorgen und Ängste über Bord wirfst. Lern stattdessen, dich nach und nach an die Neuerungen heranzutasten und das Hier und Jetzt zu akzeptieren. Loszulassen ist kein Versagen, sondern ein Zeichen wahrer Stärke. Du entscheidest dich für dein Leben, das genauso wichtig ist wie das deines Angehörigen. Behalte es genauso im Blick wie das Leben der Menschen, die dir wichtig sind.

Hilfe zulassen

Die andere Art des Loslassens hat mit dem Annehmen von Hilfe zu tun. Egal, ob wir Unterstützung von der Familie, dem Bekanntenkreis oder von professionellen Kräften erhalten, reicht das allein noch nicht für tatsächliche Entlastung. Gibst du wirklich in diesen Momenten, Stunden oder Tagen die Verantwortung der Pflege ab und überlässt sie deinen Helfern? Nutzt du die Zeit für dich, oder musst du immer alles im Blick behalten, mit dabei sein und die Lage überblicken? Lass los und nutz die Gelegenheit, etwas für dich zu tun! Hab Vertrauen, hab Mut! Dein Angehöriger wird dir dankbar sein, und dein Körper und deine Seele werden es erst recht sein.

Was kann dich dabei unterstützen? Nutz immer wieder den Perspektivwechsel (siehe Seite 54), der dir hilft, aus der Sicht deines Angehörigen auf dich zu schauen. Wärst du Betroffener, würdest du wollen, dass dein Angehöriger, der dich pflegt, ständig über seine Grenzen hinausgeht, um für dich da zu sein? Ganz bestimmt nicht. Was wäre dein Wunsch? Nutz die Gelegenheit, um ihn hier zu notieren:

> **Wenn ich pflegebedürftig wäre, …**
>
> … was würde ich mir von meinem Angehörigen wünschen, der mich zu Hause pflegt bezüglich seiner eigenen Bedürfnisse, Grenzen und Wünsche?
>
> ______________________________
>
> ______________________________
>
> ______________________________

Sicher würdest du wollen, dass dein pflegender Angehöriger auf sich achtet, sich Auszeiten nimmt und sich Unterstützung holt. Ebenso musst du deinen Angehörigen nicht in Watte packen, gib ihm den Freiraum, den jeder Mensch braucht. Es tut ihm gut, auch mit anderen Menschen in Kontakt zu treten. So erlebt dein Angehöriger Neues und ist wesentlich ausgeglichener in seinem Verhalten.

Trotz Belastung gesund bleiben

Wer hätte nicht gern mehr Energie für den Alltag, ein widerstandskräftiges und starkes Immunsystem sowie einen gesunden und rüstigen Körper? Gerade in der Pflegesituation vernachlässigen wir allzu oft, achtsamer mit unserer Gesundheit umzugehen. Kennst du schon die fünf goldenen Schlüssel der Gesundheit und wie du sie richtig einsetzt? Nein? Dann solltest du unbedingt weiterlesen. Doch zunächst würde ich dich bitten, deine persönliche Sicht auf Gesundheit zu reflektieren.

Was bedeutet Gesundheit für dich?

Hast du dir diese Frage schon mal bewusst gestellt? Nimm dir doch ein paar Minuten Zeit, um dir einige Gedanken zu dieser wichtigen Frage zu machen. Gern kannst du folgende Fragen als Hilfestellung verwenden.

Wie fühlst du dich zum jetzigen Zeitpunkt?

____

Was macht dir Angst?

____

Welche Einschränkungen hast du bereits?

____

Was sind deine Wünsche und Hoffnungen für die Zukunft?

____

Doch nun zu den angekündigten fünf goldenen Schlüsseln der Gesundheit, die ich dir im Folgenden tabellarisch zusammengestellt habe.

Die fünf goldenen Schlüssel der Gesundheit

Auf dem Weg zur Gesundheit gilt es, eine Tür zu durchschreiten, die durch fünf verschiedene Schlüssel geöffnet wird. Indem wir all diese Schlüssel aktivieren und aufeinander abstimmen, können wir die Tür zur Gesundheit öffnen und machen den Weg frei für ein gesundes und erfülltes Leben.

1. Schlüssel: Ernährung

Unser Körper kann nur richtig funktionieren, wenn wir ihm die benötigten Bausteine mit einer ausgewogenen und nährstoffreichen Ernährung liefern.

Tipp	Hintergrund
Omega-3-Fettsäuren	Zu finden in Leinsamen, Walnüssen, Chiasamen, Lachs, Makrele oder Sardinen. Diese Fettsäuren besitzen entzündungshemmende Eigenschaften und können die Funktion des Gehirns unterstützen.
Reduzierung von Zucker und raffinierten Kohlenhydraten	Raffinierte Kohlenhydrate finden sich meist in verarbeiteten Produkten, z.B. in Backwaren, weißem Mehl und Reis sowie Limonaden. Eine hohe Zufuhr kann zu Entzündungen im Körper führen, was wiederum das Demenzrisiko erhöhen kann. Hier empfiehlt es sich, die Zuckeraufnahme zu beobachten und zu reduzieren sowie die Ernährung auf Vollkornprodukte umzustellen. Die Weltgesundheitsorganisation (WHO) nennt eine Höchsttagesmenge von 25 g Zucker pro Tag. Das erreicht man schnell, da insbesondere Fertigprodukte versteckte Zucker enthalten.
Flüssigkeitszufuhr	Unser Körper ist auf ausreichende Flüssigkeitszufuhr angewiesen. Nicht nur für die Verdauung benötigen wir ausreichend Flüssigkeit, sondern auch unsere Organe können nur mit entsprechender Versorgung optimal funktionieren, unser Gehirn eingeschlossen. Tipp: Stell dir gleich am Morgen zwei Flaschen Wasser bereit und nimm dir vor, diese bis zum frühen Abend geleert zu haben. Als Unterstützung bietet sich eine Trink-App mit Mengenübersicht und Erinnerungsfunktion an.
Gemüse und Obst	Darin finden sich eine Menge an wichtigen Vitaminen, Mineralstoffen, Antioxidantien und viel Wasser. Bekannt für die positiven Auswirkungen auf unser Immunsystem und unsere kognitiven Funktionen sind dunkelgrünes Gemüse und Beerenfrüchte wie Blau- und Himbeeren.

Ernährung und Achtsamkeit – wie passt das zusammen?

Auch im Rahmen deiner Ernährung kannst du die Kraft der Achtsamkeit für dich nutzen. Plan deine Mahlzeiten für die gesamte Woche vor und kauf dann nur ein- oder zweimal pro Woche ein. Es spart dir eine Menge Zeit, wenn du dir nicht jeden Tag erneut den Kopf zerbrechen musst, was du heute kochen willst, und alle Zutaten bereits verfügbar sind.

- Geh möglichst nicht hungrig einkaufen, so verwirfst du schnell deine guten Vorsätze, auf gesunde Ernährung zu achten.
- Plan beim Einkaufen etwas mehr Zeit ein und versuch, dabei deine Sinne einzusetzen.
- Sorg bei all deinen Mahlzeiten für eine angenehme Atmosphäre. Ein schön gedeckter Tisch, ungestört von Radio und Fernsehen. Essen hat etwas Sinnliches und ist weitaus mehr, als nur den Hunger zu stillen. Nutz diesen Moment, um dir Gutes zu tun.
- Nimm deine Mahlzeiten nicht nur langsam, sondern auch genüsslich zu dir. So wird das Essen zu einem Gaumenschmaus, und du würdigst auch die Zeit, die du in die Zubereitung gesteckt hast.

2. Schlüssel: Bewegung

Körperliche Aktivität stärkt zum einen die Muskeln, unterstützt das Herz-Kreislauf-System und regt den Stoffwechsel an. Für mehr Bewegung benötigst du kein Fitnessstudio oder teure Sportgeräte und musst keine Kilometer zählen. Binde stattdessen Bewegung in deinen Alltag ein. So kannst du zum Beispiel beim Zähneputzen Dehnübungen machen, bei der Hausarbeit tanzen oder jeden Tag etwas Zeit für einen Spaziergang einplanen. Es gibt auch viele günstige Angebote von Yoga über Nordic Walking bis hin zu (Senioren-) Schwimmkursen, die du nutzen kannst.

Vorteile	Hintergrund
Bewegung aktiviert den Stoffwechsel.	Abfallprodukte können schneller abgebaut werden.
Bewegung (im Tageslicht) kräftigt den gesamten Bewegungsapparat.	Muskeln, Sehnen, Bänder und Knochen (durch die Bildung von Vitamin D) werden gestärkt und bleiben beweglich. Beweglichkeit, Balance und Gleichgewicht werden gefördert und gestärkt.
Bewegung steigert die geistige Leistungsfähigkeit.	Das Gehirn wird besser durchblutet und somit mit mehr Sauerstoff versorgt. Denkvermögen und Kreativität werden gesteigert.
Bewegung hilft, Stress abzubauen.	Die psychische Gesundheit wird positiv gefördert, weniger Stress bedeutet mehr Gelassenheit. Durch Bewegung werden innere Anspannungen abgebaut.
Bewegung macht glücklich.	Bei körperlicher Bewegung schüttet der Körper Glückshormone aus.
Bewegung verhilft zu einem besseren Schlaf.	Bewegung baut Stress ab, und die vermehrte Versorgung des Körpers mit Sauerstoff beruhigt Nervensystem und Geist.

3. Schlüssel: Entspannung

Entspannung, der dritte Schlüssel, sorgt für Ausgleich in unserem ausgefüllten und oft stressreichen Alltagsleben. Sie hilft dem Körper, sich zu erholen und neue Energie zu schöpfen.

Tipp	Hintergrund
Entspannungstechniken wie Meditation, Atemübungen oder progressive Muskelentspannung	Mittlerweile gibt es zahlreiche Apps und geführte Meditationen, die man sich kostenfrei anhören kann. Empfehlungen dazu findest du im Anhang.

Tipp	Hintergrund
Rückzugsort gestalten	Der Raum sollte eventuell abschließbar sein. Manchmal kann es nötig sein, sich abzugrenzen, um Energie zu tanken. Viele nutzen die Zeit, wenn der Angehörige schläft.
Entlastungsangebote nutzen	Die Hilfe von Freunden und Familie annehmen oder einen Pflegedienst beauftragen.
Humor	Lachen baut Stresshormone ab, regelmäßig zu lachen, ist nicht nur befreiend, sondern auch entspannend.

4. Schlüssel: Schlaf

Schlaf ist nicht nur für deinen Körper, sondern auch für deinen Geist ein lebenswichtiger Prozess. Dauerhafte Schlafprobleme können dich ernsthaft krank machen.

Tipp	Hintergrund
Einschlafrituale	Entspannendes Duftöl, warme Dusche, heiße Milch mit Honig, beruhigende Musik. Eincremen der Füße kann beim Einschlafen helfen.
Belüftung des Schlafzimmers	Es sollte möglichst kühl sein (ideale Zimmertemperatur 16 bis 18 Grad) und kurz vorm Zubettgehen nochmal gelüftet werden.
(Digitale) Geräte ausschalten	Handy und TV sollten nach Möglichkeit nicht bis kurz vorm Schlafengehen genutzt werden. Insbesondere Nachrichten oder Krimis, die aufwühlen oder das Gedankenkarussell in Gang setzen, sollten vor dem Schlafengehen vermieden werden.
Natürliche Schlafhelfer	Beispielsweise Baldrian- oder Lavendelöl, Kissen mit Zirbenholz
Regelmäßige Schlafenszeiten	Unterstützen den körpereigenen Rhythmus, Zeitpunkt der Übermüdung nicht überschreiten

5. Schlüssel: Soziale Kontakte

Pflegen wir positive Beziehungen, stärkt das vor allem unsere mentale Gesundheit.

Tipp	Hintergrund
Kontakte knüpfen	Erfahrungsaustausch mit anderen pflegenden Angehörigen ermöglicht einen Perspektivwechsel, schenkt neue Anregungen für die Pflegesituation. Menschen kennenlernen in: Kirchengemeinde, Seniorensportgruppen, Tanzschule, Bibel- oder Lesekreis, Chor, Mittagstisch in manchen Mehrgenerationshäusern, Ehrenämter, Veranstaltungen

Miteinander und gestärkt durch den Tag

Gib jedem Tag die Chance, der schönste deines Lebens zu werden.

MARK TWAIN

»Ich liebe dich! Doch du veränderst dich und bist nicht mehr du!«
»Du gehst und lässt mich allein zurück.«
»Diagnose Demenz – und unser Leben ist vorbei.«
»Ich möchte dich erreichen, doch du bist nicht mehr hier.«
»Ich will für dich da sein, aber ich habe Angst und fühle mich hilflos.«

Vielleicht denkst oder fühlst du gerade Ähnliches? Damit bist du nicht allein. Solche Gedanken gehen sicher auch anderen Angehörigen durch den Kopf. Die Diagnose Demenz ist ein Schock für beide Seiten, für den Betroffenen und die Angehörigen. Die große Herausforderung kommt auf euch zu, krankheitsbedingte Veränderungen zu erleben und mit ihnen umzugehen. Du möchtest für deinen lieben Angehörigen da sein, in Kontakt bleiben, ihm weiterhin nah sein. Ich verspreche dir, das ist auch mit Demenz möglich, du musst dafür allerdings umdenken und neue Wege gehen. Auch wenn sich euer Leben verändert, ist es mit der Diagnose nicht vorbei. In diesem letzten Teil liefere ich dir Tipps und Anregungen für ein farbenfrohes Miteinander trotz Demenz. Mein erster und grundsätzlichster Ratschlag ist: Bewahre dir den Schatz der Liebe, der Hoffnung und des Verständnisses. Es wird Momente geben, die dich verzweifeln lassen, aber es wird ganz sicher auch viele schöne Momente für euch beide geben, die euch mehr zusammenschweißen.

Schöne Momente miteinander erleben

Wir wünschen uns so sehr, dass im »neuen« Leben mit der Demenz alles so wie bisher bleibt. Doch wissen wir auch, dass sich dieser Wunsch leider nicht erfüllen wird. Aber eines ist gewiss: Trotz der Veränderungen wird auch ein Leben mit Demenz noch viele schöne und erfüllende Momente für dich und deinen Angehörigen bereithalten. Erreichen lässt sich das zunächst, indem du für deinen Angehörigen für so viel Normalität wie möglich sorgst und seine Bedürfnisse nicht nur erkennst, sondern gezielt darauf eingehst. Förderst du darüber hinaus seine Ressourcen, werden in vielen Fällen Defizite ausgeglichen. So bekommt dein Angehöriger die Möglichkeit, seine Erkrankung als weniger einschränkend wahrzunehmen. Wir können ihn so nicht nur besser verstehen, sondern erleichtern auch den Umgang miteinander.

Die Tagesstruktur: Ein wichtiger Anker

Mit einer regelmäßigen Tagesstruktur schenkst du deinem Angehörigen Sicherheit und unterstützt ihn, sich besser zu orientieren und im Alltag zurechtzufinden. Angst und Verwirrung lassen sich auf diese Weise verringern oder sogar vermeiden. Du förderst damit seine noch vorhandenen Ressourcen und vermittelst ihm ein Gefühl von Wertschätzung und Geborgenheit. Je wohler sich dein Angehöriger fühlt, umso entspannter und zufriedener kann er seinen Tag erleben. Eine gute Tagesstruktur sorgt für ausreichend Aktivität und Auslastung, was wiederum zu einem verbesserten Tag- und Nachtrhythmus führt. So findet dein Angehöriger abends besser in den Schlaf und kann sich regenerieren. Achte jedoch darauf, dass du deinen Angehörigen tagsüber weder unter- noch überforderst. Regelmäßige

Pausen zur Entspannung und Zeit für sich allein solltest du ihm auf jeden Fall ermöglichen.

Die Basis: Der Terminplaner

Organisation ist das Fundament für eine Tagesstruktur. Dafür legst du am besten einen übersichtlichen Terminplaner an – digital oder auf Papier. So verschaffst du dir einen Überblick über den Tag, die Woche und den Monat, was es dir erleichtert, Termine und Verabredungen auszumachen und einzuhalten. Wichtige Termine, Feste und Feiertage sind übersichtlich eingetragen, und insbesondere kannst du regelmäßige Freiräume für dich reservieren. Auch für euch beide wichtige Ruhezeiten zwischen den Terminen und Verabredungen solltest du in diesem Plan berücksichtigen. Einkäufe, Arzt- und Therapeutentermine sollten nach Möglichkeit am Vormittag erfolgen, wenn dein Angehöriger fitter und aufnahmefähiger ist als am Nachmittag oder gegen Abend.

Es empfiehlt sich dafür beispielsweise ein Familienplaner auf Papier, aber auch verschiedene Kalender-Apps leisten gute Dienste, wenn dir die digitale Anwendung lieber ist. Häng den physischen Planer gut sichtbar auf, wobei die Küche meist ein optimaler Ort ist. So hast du deinen Plan stets im Blick und kannst sofort Termine eintragen. Außerdem sehen auch Familienmitglieder und Freunde deinen Plan und können dir entlastend unter die Arme greifen. Vielleicht lehnst du eine so strukturierte Vorgehensweise ab, trotzdem bitte ich dich, die Versorgung deines Angehörigen und deine Belastung nicht auf die leichte Schulter zu nehmen. Es wird Tage geben, da läuft alles rund, aber es kann auch Zeiten geben, an denen du enorm gefordert wirst. Denk immer daran, dass dein innerer Akku, wie der deines Handys, regelmäßig aufgeladen werden muss, um dauerhaft zu funktionieren. Auch wenn du ein Organisationstalent bist und nicht gern Hilfe in Anspruch nimmst, stellt ein Terminplaner die Basis für eine gesunde Selbstfürsorge dar, damit du gesund bleibst.

Rituale bieten Sicherheit und schenken Geborgenheit

Rituale sind Situationen mit den immer gleichen, bekannten Abläufen. Sie fördern nicht nur die Orientierung deines Angehörigen, sondern bieten ihm ebenso wie die Tagesstruktur Geborgenheit und Sicherheit. Rituale stiften ihm Identität und geben seinem Tag Regelmäßigkeit und Rhythmus. Wie ein Geländer oder Handlauf führen sie den Erkrankten durch den Tag. Auch wenn er vieles vergessen haben mag, erinnert er sich immer noch an bestimmte Abläufe, die er möglicherweise schon sein Leben lang kennt. So schenken Rituale Vertrautes, nehmen Ängste, stärken das Gefühl von Verbundenheit und sorgen für Lebensqualität. Beispiele für Rituale können sein: das tägliche Mittagsschläfchen, regelmäßige Spaziergänge, das Anschauen von bestimmten Fernsehsendungen zu bestimmten Zeiten, das Vollbad jeden Freitagabend, das Lesen der Tageszeitung nach dem Frühstück, Sonntagskaffee mit der Familie, der Besuch von Gottesdiensten, das »Betthupferl« (Süßigkeit) nach dem Abendessen, das Fußbad vor dem Schlafengehen oder Ähnliches. Im Laufe der Erkrankung können neue Rituale hinzugefügt werden, wenn alte nicht mehr greifen oder umsetzbar sind. Insgesamt sollen Rituale das Gefühl geben, sich ganzheitlich als Mensch zu fühlen. Nimm dir ein paar Minuten Zeit und überleg, welche Rituale dein Angehöriger in seinem Alltag bereits verankert hat. Vielleicht kommen dir beim Nachdenken Ideen für neue Rituale, die deinem Angehörigen im Tagesablauf noch mehr Struktur und Halt geben könnten.

Rituale

Welche Rituale pflegt dein Angehöriger und zu welcher Tageszeit?

Morgens: ______________________________

Mittags: ______________________________

Abends: ______________________________

Welche neuen Rituale könnten deinen Angehörigen unterstützen, und zu welcher Tageszeit würdest du sie gern einsetzen?

Morgens: ________________________________

Mittags: ________________________________

Abends: ________________________________

Die Kraft unserer Sinne anregen und fördern

Die Kraft der Sinne hat einen starken Einfluss auf dein Wohlbefinden und das Wohlbefinden deines Angehörigen. In diesem Kapitel erkläre ich dir, wie du deine und seine Sinne gezielt anregen kannst. Die Sinne zu mobilisieren, gibt dir eine weitere Möglichkeit, durch achtsame Handlungen im Laufe eines Tages die psychische und physische Gesundheit zu fördern – wobei dies für euch beide, deinen Angehörigen wie für dich, stärkend sein kann. Tauchen wir ein in die faszinierende Synergie zwischen unseren Sinnen und der Praxis der Achtsamkeit, um genauer zu verstehen, wie diese Verbindung unser Leben sehr bereichern kann.

Dass unsere Sinne einen so großen Einfluss auf unser Wohlbefinden haben, ist den meisten Menschen allerdings nicht bewusst: Die Welt ist so schnelllebig geworden, dass wir keine Zeit mehr haben, unsere Sinneseindrücke überhaupt wahrzunehmen. Dabei ist das menschliche Leben ein stetiger Dialog mit der Umwelt und der Umgebung. Fünf Sinneskanäle stehen uns für diesen Dialog zur Verfügung: Sehen, Hören, Riechen, Schmecken und Fühlen. Unsere Sinne sind die natürlichen Werkzeuge, die uns erlauben, die Welt in ihrer faszinierenden Vielfalt und Fülle wahrzunehmen. Ob wir die raue Rinde eines Baumes berühren oder bei einem Spaziergang den naturreinen Duft des Waldes in uns aufnehmen, dem Zwitschern der Vögel bei Sonnenaufgang lauschen, unser Lieblingsgericht mit geschlossenen Augen erkennen und genießen oder die atemberaubend leuchtenden Farben des Regenbogens auf uns wirken lassen – alle diese

Erlebnisse sind Geschenke unserer Sinne. Sie sind nicht nur Reize, die wir wahrnehmen, sondern auch das Tor zur Außenwelt, das Tor zum Leben. Erfahr, warum sie für uns so wichtig sind und wie sie uns helfen können, unsere Erinnerungen und Emotionen positiv zu steuern. Und du erfährst, wie wir mithilfe der Achtsamkeit lernen, unsere Sinne zu steuern. Sie unterstützen uns dabei, Stress abzubauen, zu entspannen, uns zu spüren sowie innere Ruhe, Klarheit, Zufriedenheit, Gelassenheit und Wohlbefinden in uns zu finden.

Wir haben fünf Sinnesorgane: Augen, Mund, Ohren, Haut und Nase. Hinzu kommt der Gleichgewichtssinn im Innenohr, der auch als sechster Sinn bezeichnet wird. Sehen, Hören, Riechen, Schmecken und Fühlen – dank dieser Fähigkeiten nehmen wir nicht nur unsere Umwelt wahr, sondern treten auch mit anderen Menschen in Kontakt. Unser Gehirn nimmt über die Sinne zahlreiche Reize und Informationen auf, die meisten davon jedoch unbewusst. Die Sinneseindrücke werden im Gehirn gespeichert, und die Erinnerung durch aktuelle Reize weckt Emotionen, selbst wenn die Sinneserlebnisse schon viele Jahrzehnte zurückliegen. So lässt uns der köstliche Duft von frischen Plätzchen nicht nur das Wasser im Mund zusammenlaufen, sondern er lässt vielleicht auch eine Erinnerung aus der Kindheit wieder aufleben. Je intensiver und angenehmer der Moment damals für uns gewesen ist, umso schöner sind die Emotionen, die wir durch den Sinneseindruck nochmals erleben dürfen. Im nächsten Abschnitt stelle ich die Sinne noch einmal einzeln und mitsamt ihren unglaublichen Eigenschaften vor.

Die Augen

Unsere Augen sind ein wahres Wunderwerk: Sie liefern 80 Prozent aller Informationen, die vom Gehirn verarbeitet werden. Um sehen zu können, muss das Licht ungehindert durch das gesamte Auge bis zur Netzhaut gelangen und dort unsere Nervenzellen erregen. Das eigentliche Bild, das wir dann erkennen, entsteht im Gehirn. Dieses vollbringt dann Höchstleistungen, denn es vergleicht sämtliche Bilder mit den Informationen, die bereits gespeichert sind.

Unser Sehsinn hilft uns nicht nur dabei, unsere Umwelt wahrzunehmen, sondern er bietet uns auch Schutz und Sicherheit. Indem wir Gefahren optisch erkennen, können wir schnell reagieren, ausweichen, uns entfernen oder verteidigen. Gleichzeitig unterstützt uns der Sehsinn bei der räumlichen Orientierung, indem wir Entfernungen und Positionen abschätzen können, damit wir uns auch in unbekannten Umgebungen zurechtfinden. Darüber hinaus sind unsere Augen ein wesentliches Werkzeug bei der Kommunikation. Sie senden sowie lesen nonverbale Signale und interpretieren emotionale Zustände anderer Menschen. Kurz gesagt, unsere Augen tragen maßgeblich zu unserer Lebensqualität bei.

Die Ohren

Bereits im Mutterleib sind wir in der Lage, Geräusche wahrzunehmen und uns daran zu orientieren. Unsere Ohren sind täglich und rund um die Uhr im Einsatz und versorgen unser Gehirn mit lebenswichtigen Informationen aus der Umwelt. Ein liebes Wort, ein schönes Musikstück kann uns zu Tränen rühren und lässt unser Herz höherschlagen. Laute Geräusche, wie Krach und Streitereien, können uns die Nerven rauben und auf Dauer belasten. Unsere Ohren sind in der Lage, uns vor Gefahren zu warnen, und können im Gegensatz zu den Augen auch während der Nacht Alarmsignale aufnehmen. Hören dient uns zudem zur Orientierung, deswegen haben wir zwei Ohren, damit wir feststellen können, woher ein Geräusch kommt und wie weit es in etwa entfernt ist. Geräusche können blitzartig vom Gehirn erfasst werden und uns mitteilen, ob sich irgendetwas in unserer Nähe befindet oder eine Gefahr droht. Unser Gehörsinn erkennt 400 000 verschiedene Geräusche. Durch Zuhören bleiben wir nicht nur mit unseren Mitmenschen in Kontakt, sondern können auch anhand der gesprochenen Worte Emotionen wahrnehmen. Insgesamt wird der Hörsinn von allen Sinnen als der differenzierteste bezeichnet, weil er nicht nur sensibler, sondern auch genauer ist als unsere Augen.

Lässt das Hörvermögen nach, können nicht mehr ausreichend Informationen zum Gehirn weiterleitet werden. Wenn dieses verkümmert, ist zunehmend unser Gedächtnis betroffen, und das Risiko, an einer Demenz zu erkranken, steigt. Das Innenohr spielt darüber hinaus eine entscheidende Rolle für unser Gleichgewicht. Es enthält spezielle Strukturen, die uns helfen, unsere Position und Bewegung im Raum zu bestimmen und aufrecht zu bleiben.

Die Haut

Unsere Haut ist mit bis zu zwei Quadratmetern Oberfläche nicht nur das größte Sinnesorgan, sondern mit rund zehn Kilogramm unseres gesamten Körpergewichts auch das schwerste. Leider wird der Haut von der Forschung wenig Beachtung geschenkt. Dabei ist fühlen zu können lebenswichtig: Wir nehmen mit dem Tastsinn Temperaturen wahr, können kalt, warm und heiß unterscheiden. Der Tastsinn kann uns vor Gefahren schützen und uns berauschende Glücksgefühle bescheren. Durch das Fühlen erhalten wir nicht nur Informationen aus der Außenwelt, sondern auch über uns selbst. Wir haben übrigens nicht an jeder Stelle unserer Haut die gleich starken Empfindungen. Sicherlich hast du dir am Bügeleisen oder an einem heißen Kochtopf schon mal die Finger verbrannt? Das tat ordentlich weh, denn in den Fingerkuppen haben wir sehr viele Rezeptoren, die Schmerzempfindungen ans Gehirn weiterleiten. Ebenso sensibel sind beispielsweise auch die Lippen und die Fußsohlen.

Die Nase

Bestimmt hast du das selbst schon einige Male erlebt: Du riechst einen besonders leckeren Essensduft, sofort läuft dir das Wasser im Mund zusammen. Hingegen warnt uns der Geruchssinn bei unschönen Gerüchen wie bei Rauch oder Fäulnis vor Gefahren. Auch in zwischenmenschlichen Beziehungen entscheidet unsere Nase über Sympathie, wie die Sprache schon verrät: Sie entscheidet, ob wir jemanden gut oder weniger gut »riechen« können. Der Geruchssinn ist darüber hinaus eng mit dem Geschmackssinn verknüpft. Das beantwortet die Frage, warum wir kaum Appetit verspüren, wenn wir erkältet sind: Die verstopfte Nase behindert den Geschmackssinn erheblich. Und auch die Emotionen reagieren schnell und sensibel auf Gerüche, die weit zurückliegende, vielleicht sogar vergessene Situationen wieder in die Gegenwart bringen. Düfte wirken direkt auf das Nervensystem – manche sind in der Lage, uns anzuregen, andere beruhigen und entspannen uns.

Der Geschmackssinn

Wie du bereits erfahren hast, steht der Geruchssinn in enger Verbindung mit unserem Geschmackssinn. Das heißt, je besser wir riechen können, umso besser können wir schmecken, was wir zu uns nehmen. Experten schätzen, dass die Sinneszellen der Nase in etwa zu 80 bis 90 Prozent für den Geschmack verantwortlich sind. Interessanterweise tragen nicht nur die Zunge, sondern auch Gaumen und Kehldeckel zum Geschmacksempfinden bei.

Die Sinne stärken

Dein demenzerkrankter Angehöriger kann von zu vielen Reizen schnell überfordert sein. Du kannst aber mit einer achtsamen Stärkung der Sinne für entspannte Momente sorgen und euch wohltuende Zeit schenken. Bevor du deine Sinne schärfen oder stärken kannst, musst du sicherstellen, dass deine Sinnesorgane so gut wie möglich funktionieren. Mindestens einmal im Jahr ist daher ein Check-up von Augen und Ohren sinnvoll. Insbesondere ein nachlassendes Gehör kann Demenz fördern, wie einige Studien nahelegen. Vorsorgetermine sind also nicht nur für deinen Angehörigen wichtig, sondern besonders auch für dich als Pflegender. Und es gibt viele Möglichkeiten, die Sinne zu trainieren und zu stärken. Einige davon stelle ich dir im Folgenden vor.

Die Sinne natürlich anregen

Unsere Sinne spielen eine große, wenn nicht sogar die entscheidende Rolle, um achtsamer zu leben. Mit dem bewussten Einsatz der Sinne erleben wir unsere Umwelt intensiver. Für diese Qualität brauchst du keine zusätzliche Zeit aufzuwenden, es kann sehr einfach sein: Raus an die frische Luft! Sobald du draußen bist, werden deine Sinne angeregt. Ob du Bekannte triffst, kurze Gespräche führst, Blumen im Vorgarten siehst und riechst, Tiere streichelst – du erlebst bei genauer Betrachtung eine Menge wunderschöner, sinnlicher Momente.

Wenn du nicht die Möglichkeit hast, in den Garten oder vor die Tür zu gehen, kannst du dennoch deine Sinne trainieren. Ob du schreibst, liest, strickst oder malst, diese Tätigkeiten beruhigen und regen gleichzeitig deinen Geist an. Du ruhst in dir, wenn du dich achtsam und hingebungsvoll auf eine Sache konzentrierst.

Die Magie von Düften

Die Welt ist voller Sensationen für unsere Nase: Sei es der Duft von frisch gebackenen Plätzchen, Schweinebraten mit Kloß und Rotkohl am Sonntag, das Aroma von frisch gemahlenen Kaffeebohnen, von frisch gemähtem Heu oder der Duft von Gras im Sommer, wenn es nach einer langen Hitzeperiode zum ersten Mal wieder regnet. Diese oder ähnliche Düfte schenken uns wohlige Erinnerungen und ein gutes und warmes Gefühl. Eine wohltuende und hilfreiche Unterstützung bietet der Einsatz von ätherischen Ölen, um deine Achtsamkeit zu fördern und zu entstressen.

Ein paar Beispiele, welches Öl dir und auch deinem Angehörigen wie helfen kann:

Zustand	Ätherisches Öl
Anspannung und Stress	Sandelholz, Lavendel
Müdigkeit, Energielosigkeit	Zitrone, Grapefruit
Schlafprobleme	Lavendel, Melisse
Erschöpfung	Bergamotte, Zitrone, Pfefferminz
Gedrückte Stimmung	Orange, Mandarine

Verwende stets hochwertige Öle und trag diese niemals direkt auf Ohren, Augen und Nase auf. Bedenk bitte, dass es sich um hochkonzentrierte Öle handelt. Daher gilt auch hier die Regel: Weniger ist oft mehr. Achte darauf, dass du ätherische Öle niemals unverdünnt auf deine Haut gibst. Nutz ätherische Öle für die Haut nur in Verbindung mit Emulgatoren wie Milch, Sahne, Honig oder anderen Trägerölen wie Sonnenblumen- oder Olivenöl. Weitere Informationen findest du unter Buchempfehlungen im Anhang.

Hier ein paar Möglichkeiten, wie du die Aromaöle einsetzen kannst:

Aromadiffuser: Befüll den Diffuser mit destilliertem Wasser und gib einige Tropfen eines beruhigenden ätherischen Öls hinein. Der Duft wird sanft in den Raum verströmt und sorgt für eine entspannende Atmosphäre, die allen Anwesenden zugutekommt.

Direkte Inhalation: Hierfür reicht es, ein oder zwei Tropfen deines Lieblingsöls auf ein Taschentuch zu träufeln. Halte es dann vorsichtig und mit Abstand vor deine Nase und atme tief ein. Eine hilfreiche Art und Weise, Entspannung zu finden und im Moment zu verweilen.

Aromabad: Einfach dem Badewasser ein paar Tropfen des bevorzugten Öls hinzufügen und dann eintauchen, zur Ruhe kommen und genießen.

Auf der Haut: Geh achtsam und bewusst vor, wenn du das verdünnte ätherische Öl (siehe oben) auf die Haut aufträgst und einreibst. Sei konzentriert, nimm die Berührung und den Duft wahr und erlebe den gegenwärtigen Moment. Mein Favorit bei Kopfschmerzen oder Nackenverspannungen ist Pfefferminzöl, das sich gut in den Nacken- und Schläfenbereich einmassieren lässt.

Atemübungen mit Düften: Bring dich in eine bequeme Position, du kannst dich hinsetzen oder -legen. Schließ die Augen, um dich besser auf deine Atmung konzentrieren zu können. Atme langsam und tief ein, dann halte einen Moment inne und atme wieder langsam aus, sodass der Duft dich ganz und gar erreichen kann. Die Duftquelle kann zum Beispiel ein Aromadiffuser sein, der mittels destilliertem Wasser und ein paar Tropfen ätherischen Öls außerdem die Raumluft befeuchtet.

Vielleicht hast du einen besonderen Duft, der dich entspannen lässt und beruhigend auf dich einwirkt, weil du ihn mit einer schönen Erinnerung verknüpfen kannst. Ich nenne die Öle immer die kleinen Helfer, die uns glücklich machen.

Der Zauber von Musik

Hören wir ein liebgewonnenes Lied, löst das oft Emotionen in uns aus, da wir besondere, meist intensive Erinnerungen damit verknüpfen. Selbst Menschen, die bereits lange Zeit nicht mehr gesprochen haben und in ihrer Welt abgetaucht sind, können durch Musik wieder »zum Leben« erweckt werden – auch und gerade Menschen mit fortgeschrittener Demenz. Musik kann ihnen für einen Moment ihre Identität zurückgeben. Sie sind eins mit sich und können ihr »Ich« wieder spüren, weil die Musik sie nicht nur beflügelt, sondern sie damit an längst vergangene, verloren geglaubte Erinnerungen und Emotionen anknüpfen. In all den Jahren, in denen ich in der Pflege gearbeitet habe, habe ich immer wieder feststellen dürfen, dass Musik die Herzen von Menschen tief berührt.

Erinnere dich daran, welche Musik du gerne hörst und welche dich berührt und dir Freude schenkt. Vielleicht gibt es Musik, die dich so inspiriert und vom Hocker reißt, dass du dich gerne dazu bewegen möchtest. Erstell dir eine Playlist mit deinen Lieblingsliedern auf deinem Handy oder dem

Computer. Wenn du damit nicht zurechtkommst, gibt es sicher jemand, der dir dabei helfen kann. So hast du deine Musik immer griffbereit und kannst dir zu jeder Zeit ein gutes und beschwingtes Gefühl verschaffen. Es ist so schön, sich zur Musik zu bewegen und mitzusingen. Ich selbst genieße solche Momente besonders dann, wenn ich merke, dass mir gerade alles zu viel wird. Musik schenkt mir innerhalb von wenigen Sekunden Leichtigkeit und Lebensfreude.

Ein Fest für die Sinne

Ein Spaziergang in der Natur kann all unsere Sinne anregen und sie miteinander verbinden. Daher sollten wir jede Möglichkeit nutzen, nach draußen zu gehen und die Natur mit all ihrem Zauber einzufangen. Die frische Luft und die Anregung unserer Sinne wirken nicht nur beruhigend, sondern steigern auch unser Wohlbefinden. Ist ein Spaziergang in der Natur nicht möglich, kann das Anschauen einer Tierdoku spannend, aber auch zugleich entspannend wirken. Tiere und schon ihr Anblick haben diese besondere Gabe, in uns Erinnerungen und Emotionen zu wecken. Es gibt sogar spezielle Kurzfilme für Menschen mit Demenz, bei denen Wohlbefinden, positive Emotionen und die Förderung von Erinnerung im Vordergrund stehen, ohne schwierige Inhalte zu vermitteln. Im Laufe der Demenz geht das Sprachverständnis zunehmend verloren, und komplexe Informationen werden nicht mehr richtig verstanden, sondern überfordern den Erkrankten.

Dieselbe Funktion erfüllt auch ein Erinnerungsalbum, das viele schöne Momente aus dem Leben deines Angehörigen enthält: Bilder aus der Jugendzeit oder dem frühen Erwachsenenalter, von Hochzeiten, Urlauben, der Familie oder Naturaufnahmen. Je nachdem, welche Interessen die betreffende Person hatte, kann so ein individuell für ihn zusammengestelltes Erinnerungsalbum ein wahres Meisterwerk darstellen. Nutz es wie ein Ritual mit dem Titel »Zeitreise«. Das Betrachten schöner Bilder und Farben kann für eine gewisse Zeit das Gefühl von Identität wiederherstellen.

Den Sehsinn stimulieren

Deinen Sehsinn stärkst du bereits damit, indem du einige Male den Blick zwischen einem nahen und einem weit entfernten Objekt wechseln lässt. Führe möglichst regelmäßig eine Augenentspannung durch, indem du deine Augen für ein paar Minuten schließt und dir eine wohltuende Pause vom Alltagsstress gönnst, insbesondere wenn du viel Zeit vor dem Bildschirm verbringst. Achte zugleich auf eine ausgewogene Ernährung mit viel Vitamin A (in Karotten oder grünem Gemüse wie Spinat oder Grünkohl), um die Gesundheit der Augen und die Sehkraft zu fördern.

Den Tastsinn stimulieren

Berührungen zuzulassen und zu genießen, wird in unserer Gesellschaft immer seltener. Die liebevolle Umarmung einer vertrauten Person ist essenziell für das Immunsystem, die gesamte Gesundheit und das seelische Gleichgewicht. Eine Berührung kann uns beruhigen, Ängste nehmen, motivieren und glücklich machen. Immer mehr Menschen, ob junge oder ältere, vermissen Berührungen und haben keine Möglichkeit, diese zu erfahren. Dabei kann eine Umarmung viel mehr sagen als tausend Worte, und sie tut so gut.

Berührungen in den Alltag integrieren: Nutz jede Gelegenheit, um deinen Angehörigen, soweit du dazu bereit bist, zu berühren. Das kann das Streicheln der Hand sein, das Auflegen der Hand auf die Schulter oder die sanfte Einreibung mit der Lieblingslotion. Vielleicht nimmst du deinen Angehörigen einfach mal so in den Arm. Schau erst in die Augen deines Angehörigen, damit du erkennst, in welcher emotionalen Verfassung er gerade ist. Du wirst erstaunt sein, was du in deinem Angehörigen, aber auch in dir durch diese Zuwendung auslöst.

In meiner beruflichen Laufbahn als Pflegefachkraft und Demenz-Coachin habe ich bei vielen Menschen mit und ohne Demenz erlebt, wie eine einfache Berührung sofort ein verändertes Verhalten verursachte. Ich kann mich an einen wundervollen Moment erinnern, als ich eines Abends eine Bewohnerin mit Demenz in ihr Bad begleitet hatte, um sie dabei zu unterstützen, den Schlafanzug und anschließend den Bademantel anzuziehen. Ich band ihr von hinten den Bademantel mit der Schlaufe zu und legte dafür meine Arme um ihre Taille. Sie drückte ihren Körper an meinen und schien diesen Moment sehr zu genießen, denn sie hatte nicht nur die Augen geschlossen, sondern gab auch ein sanftes Wohlfühlgeräusch von sich. Als sie sich zu mir umdrehte, nahm sie mich mit einem Mal fest in den Arm. Ihr glücklicher Gesichtsausdruck sprach Bände. Wie lange sie wohl einen solchen Moment der Berührung herbeigesehnt hatte? So wurde die Umarmung zu einem Abendritual. Sie hatte Vertrauen zu mir gewonnen, und ihr Verhalten, das sehr oft von Unruhe prägt war, entspannte sich.

Vielleicht bekommst du gerade Gänsehaut. Vielleicht schüttelt es dich gerade, weil du nicht so viel Nähe zulassen kannst, aber ich kann dir nur sagen, dass die Selbstwahrnehmung gerade bei Menschen mit Demenz immer mehr nachlässt. Daher sind Berührungen nicht nur wichtig, sondern lebenswichtig. Vielleicht wurdest du von deinem Angehörigen nur selten berührt. Dann kann es dir schwerfallen, ihm Nähe zu schenken, gerade wenn eure Beziehung nicht einfach war. Aber Menschen mit Demenz verändern sich. Vielleicht sehnt er sich danach, die Hand gehalten zu bekommen oder in den Arm genommen zu werden?

Den Tastsinn stimulieren: Eine andere Art der Berührung betrifft den Tastsinn. Dieser Sinn, der sehr wichtig für unsere Selbstwahrnehmung ist, kann gestärkt werden, indem du deinen Angehörigen unterschiedliche Materialien oder Oberflächen anfassen lässt. Das können verschiedene Stoffarten sein, ein fester Gegenstand wie Steine, Sand, Kräuter. Auch Tiere haben eine besondere Art und Weise, unseren Tastsinn zu stimulieren und zugleich Emotionen in uns auszulösen. Sie nehmen uns, so wie wir sind, ohne zu urteilen. Ihr Fell ist weich und warm. Nicht nur Menschen genießen die Berührung, sondern auch Tiere lieben es, gestreichelt zu werden. Nutz die Gelegenheit, mit deinem Angehörigen einen Streichelzoo zu besuchen oder eine Wanderung mit Alpakas zu machen (siehe Seite 84 und Anhang). Habt ihr Bekannte mit einem Kaninchen oder einem entspannten

Hund? Vielleicht kommen sie gelegentlich mit ihrem Tier zum Streicheln vorbei. Wie du siehst, ist hier vieles möglich.

Für dich: Ein entspanntes Bad, eine wohltuende Massage oder eine ausgiebige Dusche am Morgen sind wunderbare Möglichkeiten, deinen Tastsinn zu stimulieren und dich zu verwöhnen. Gönn deiner Haut eine duftende Lotion und lass dann im Bademantel eingehüllt den Genuss noch ein Weilchen auf dich wirken.

Oder du nimmst einen Gegenstand in die Hand und spürst, ohne einen Blick darauf zu werfen, wie sich seine Oberfläche, Struktur und Textur anfühlen. Bestimmt hast du schon mal eine Rosine gegessen, aber hast du an ihr gerochen und erkundet, wie sie sich in deinen Fingern anfühlt? Ich kann dir versichern, dass dich eine Rosine oder ein Stück Schokolade in einen besonderen Moment der Achtsamkeit führt.

Den Geschmackssinn stimulieren

In der heutigen Zeit ist das schnelle Essen zur Gewohnheit geworden. Dabei ist es so wichtig, das Essen nicht nur als Nahrungsaufnahme zu sehen, sondern auch als wahren Genuss, der sich mit etwas Zeit und Achtsamkeit entdecken lässt. Beim Essen regen wir alle unsere Sinne an: Mit den Augen nehmen wir die Farben und die Anordnung der Nahrungsmittel auf dem Teller wahr, mit der Nase den Duft des Essens und mit der Zunge den Geschmack und die Textur der Speisen. Auch das Hören trägt teils zum Essensgenuss bei, wie beim Kauen einer Kruste, oder der Tastsinn, wenn wir einen Apfel aus der Hand verspeisen.

Fortschreitende Demenz vermindert Sinneswahrnehmungen, sodass Erkrankte zum Beispiel vor einem gut gefüllten Teller sitzen und trotzdem nicht zu essen beginnen. Es kann Appetitlosigkeit oder Überforderung sein, oder der Betroffene erkennt sein Essen nicht. Für Menschen mit Demenz schmecken die Mahlzeiten außerdem oft fade, weil auch ihr Geschmackssinn nachlässt. Für uns stellt sich die Frage, was wir tun können, um ihnen trotz ihrer Erkrankung und deren Folgen für die Sinnesorgane Genuss zu schenken und gesunde Ernährung zu ermöglichen.

Hier folgen einige Strategien, wie du auf natürliche Weise den Appetit deines Angehörigen anregen und sein Interesse am Essen wieder wecken kannst.

Für eine stressfreie und gemütliche Atmosphäre sorgen: Menschen mit Demenz reagieren sehr empfindlich auf Stress und sind schnell überfordert. Sie brauchen einen geschützten Raum, um sich wohlzufühlen.

Essrituale schaffen: Gemeinsames Singen oder Beten, zusammen bekannte Sprichwörter aufsagen: »Essen und Trinken hält Leib und Seele zusammen« oder »Liebe geht durch den Magen«, »Hunger ist der beste Koch«.

Tischkärtchen aufstellen: Essen und Trinken geht heute aufs Haus. So bekommt der Demenzerkrankte das Gefühl, eingeladen zu sein.

Kleine Portionen: Sorg dafür, dass die Portionen auf dem Teller übersichtlich sind, um Überforderung zu vermeiden. Oft habe ich erlebt, dass der Appetit dann wesentlich größer ist.

In Gemeinschaft essen: Menschen mit Demenz lieben es genauso wie andere Menschen, mit anderen zusammen zu essen. Allerdings sollte sich die Anzahl der Personen im Rahmen halten, um Überforderung zu vermeiden.

Draußen bewegen: Regelmäßige frische Luft und körperliche Betätigung steigern den Appetit.

Fingerfood: Du kannst hochkalorische, nahrhaft und zugleich gesunde Leckereien vorbereiten. Menschen mit Demenz kommen oft besser mit den Fingern als mit dem Besteck zurecht. Zudem wirken verschiedene Farben und Formen interessant und machen neugierig. Nutz dafür kleine Teller mit Gurken, Käse, Nüssen und kleinen Tomaten. Obst in unterschiedlichen Variationen wie zum Beispiel Banane in Stückchen oder Apfelschnitze ist ebenfalls ein leckeres Angebot.

Ausreichende Flüssigkeitszufuhr: Nutz zuckerfreie, zimmerwarme Schorle in kleinen Gläsern, die dein Angehöriger problemlos halten kann.

Beipackzettel checken: Lies in den Beipackzetteln der Medikamente nach, ob Appetitlosigkeit die Nebenwirkung eines Medikaments sein könnte. Ist das der Fall, frag den behandelnden Arzt nach Alternativen.

Für dich: Gönn deinem Gaumen eine Geschmacksexplosion. Lass dich oder auch euch in einem schönen Restaurant bekochen. Wie wäre das: sich ohne Vorbereitung an den frisch gedeckten Tisch zu setzen und ein Gericht mit einem guten Wein zu genießen? Wann hast du das das letzte Mal gemacht?

Eine andere großartige Möglichkeit, deinen Geschmackssinn auf besondere Art wahrzunehmen, ist es, die Mahlzeit mit verbundenen Augen zu genießen, also ohne den Sehsinn. Was du stattdessen intensiver wahrnimmst, ist der Duft der Zutaten, der dir in die Nase steigt und dir den Mund wässrig macht. Was löst der Geschmack auf deiner Zunge aus, wenn das Essen zum ersten Mal deinen Gaumen berührt? Ich bin sicher, dass du den Genuss als viel stärker empfinden wirst.

Es darf einfach sein

Wie du siehst, zu genießen muss nicht aufwendig oder spektakulär sein. Manchmal sind es gerade Einfachheit und Leichtigkeit, die besonders wirken, weil wir das Sein authentischer fühlen. Neben allem, was du am Tage zu tun hast, sollte immer ausreichend Zeit sein, um dir selbst Gutes zu tun und genussvolle Momente zu erleben. Ob ihr gemeinsam eure Sinne stärkt oder du allein deine Zeit für diese besondere Erfahrung nutzt, bleibt dir überlassen. Ich kann dir nur wärmstens ans Herz legen: Setz dich mit deinen Sinnen bewusst auseinander. Sie lassen dich achtsamer werden, schenken dir inneren Frieden und die Kraft, gesund zu bleiben und stürmischen Zeiten mit mehr Gelassenheit zu begegnen.

In Kontakt bleiben durch wertschätzende Kommunikation

Im Laufe der Demenzerkrankung deines Angehörigen können sich immer wieder völlig neue Situationen ergeben. Insbesondere die Kommunikation kann ungeahnte Facetten entwickeln: Es kann zum Beispiel recht befremdlich sein, den geliebten Partner oder Elternteil plötzlich als »Kind« zu erleben, weil Menschen mit Demenz zunehmend in ihrer Vergangenheit leben. Eine Erleichterung für euch beide kann es sein, mit in die Welt deines Angehörigen einzutauchen. Hingegen zu versuchen, ihn bezüglich der Realität aufzuklären, führt meist zu Verwirrung, Streit, Aggression oder Rückzug. Besser ist es, deinen Angehörigen da abzuholen, wo er sich gerade befindet. Dies gelingt nur mit wertschätzender Kommunikation. Doch wie gelingt uns der Eintritt in diese Welt?

Mitgefühl ist der wichtigste Türöffner. Es ist der entscheidende Grundpfeiler jeglichen Miteinanders, der es uns möglich macht, eine gesunde und achtsame Haltung zu uns und zum Betroffenen zu bewahren. Leg deinen Fokus auf den Menschen und nicht auf seine Krankheit. Wenn du den Kontakt aufrechterhalten möchtest, dann akzeptier, dass er immer öfter die gemeinsame Welt verlässt und immer seltener zurückkehrt. Du kannst aber in seine Realität eintauchen. Versuch nicht sein Verhalten mit deinem oder dem von anderen Personen zu vergleichen. Nutz stattdessen das Wissen um die Biografie deines Angehörigen, das hilft unter anderem, die Identität deines Angehörigen aufrechtzuerhalten. Konzentrier dich auf die Ressourcen statt auf die Defizite, überfordere ihn nicht und gönn ihm Freiraum. Schenk ihm Platz in deinem Leben, ohne ihn für sein »Anderssein« zu kritisieren oder zu verurteilen. Üb dich in Geduld. Und nicht zuletzt: Lade regelmäßig und rechtzeitig deine Akkus auf, tu dir Gutes und lass Erwartungen und gewohnte Abläufe los.

Ein Herz wird nicht dement

Die Denkfähigkeit mag langsam verschwinden, Gefühle bleiben jedoch auch mit Demenz erhalten. Menschen mit Demenz wechseln sehr bald von der rational denkenden Ebene auf die emotionale. Sie nehmen Gefühle intensiver wahr und reagieren erheblich empfindsamer auf Veränderungen oder Stimmungen, die sie im Umfeld erleben. Und wir wissen aus eigener Erfahrung, wie ein liebevoller Umgang uns hilft, wenn wir Angst verspüren oder erschöpft sind.

Es wäre natürlich hilfreich, wenn man manchmal in sein Gegenüber hineinschauen könnte, um mehr über seine Gedanken und Gefühle zu erfahren. Vielleicht ist dein Angehöriger jedoch ein eher verschlossener Mensch und spricht nicht gern darüber, was in ihm vorgeht, darüber, wie sehr ihn die Erkrankung belastet und Angst macht. Oder er ist nicht mehr in der Lage, seine Gefühle in Worte zu fassen. Stellvertretend möchte ich dir einen sehr anrührenden Brief von einem demenzerkrankten Mann an seine Frau vorstellen. Lies ihn in Ruhe und mit dem Herzen.

Meine Liebste,

es fällt mir gerade nicht leicht, die richtigen Worte für diesen Brief zu finden. Ich sitze hier an meinem Schreibtisch, wie ich es schon so viele Male vorher getan habe. Mein Herz und mein Kopf sind voller Erinnerungen und Gefühle, und ich möchte den Moment der Klarheit nutzen, um dir so einiges mitzuteilen, für die Zeit, in der ich nicht mehr dazu in der Lage sein werde. Dabei war ich nie ein Meister großer Worte, doch manches sollte nicht ungesagt bleiben. Ich habe das Gefühl, als müsste ich mich verabschieden, von dir, von der ganzen Welt, obwohl ich nicht vorhabe wegzugehen. Diese Krankheit macht mir Angst, weil ich mir das erste Mal in meinem Leben so richtig verloren und hilflos vorkomme und nicht weiß, was wirklich mit mir passiert. Ich fürchte mich vor dieser Veränderung, fürchte mich davor, meinen Verstand zu verlieren, mich zu verlieren. Es macht mich wütend, wenn ich merke, wie meine Erinnerungen verblassen, wie mir einfachste Bezeichnungen, Namen, Erlebnisse nicht mehr einfallen. Doch ich will hier nicht jammern, das war noch nie mein Fall, und damit möchte ich auch jetzt nicht anfangen. Stattdessen will ich dir danke sagen, für alle die Jahre an meiner Seite, für alle die wundervollen Erlebnisse, die ich noch in meinem Gedächtnis bewahre, solange es geht. Du sollst wissen, wie sehr ich dich liebe, heute noch viel mehr als am Anfang.

Du bist immer für mich da, damals wie heute, und ich kann gar nicht in Worte fassen, was mir das bedeutet. Deine Liebe und Unterstützung haben mir stets Kraft gegeben, wir waren zusammen unschlagbar, in guten wie in schlechten Zeiten. Du bist mein Fels in der Brandung, wenn alle Stricke reißen, wenn meine Gedanken in unbeschreiblichem Chaos versinken.

Auch wenn meine Worte manchmal verwirren und mein Verstand mich im Stich lässt, so weiß ich immer noch, dass du der wichtigste Mensch für mich bist. Wenn sich manchmal ein Schatten auf meine Erinnerung legt, dann ist es dein Lächeln, dein Lachen und dein liebevoller Blick, die mich berühren. Wie die Sonne, so erhellst du mein Leben.

Bitte entschuldige meine Veränderungen, durch die ich nicht mehr dieselbe Person bin wie früher. Sicher ist es für dich genauso schwer wie für mich, die Veränderungen zu akzeptieren, die diese Erkrankung mit sich bringt. Nicht nur ich verliere mich, auch du erlebst einen großen Verlust, vielleicht ist es für dich noch schwerer als für mich, denn du erlebst es bewusst, während ich mich in meine eigene Welt zurückziehe. Dabei möchte ich doch nur, dass es dir gut geht. Darum bitte ich dich von ganzem Herzen, pass auf dich auf! Übernimm dich nicht! Vergiss dich nicht vor lauter Liebe zu mir. Ich weiß, du willst für mich da sein, doch das, was kommt, wird nicht einfach. Noch mehr als die Angst vor den Auswirkungen der Demenz bedrückt mich die Angst vor dem, was ich dir aufbürde. Wie ich zu dir sein werde, ohne bewusst wahrzunehmen, was ich von dir fordere, ohne die Mühen und Geduld zu sehen, die du für mich aufbringst.

Ich möchte noch viel gemeinsame Zeit mit dir verbringen, deine Arme um mich spüren, es genießen, wie du meine Hand hältst, dir zuhören, wenn du vorliest oder beim Abspülen vor dich hin singst. Bitte hör nicht auf, dieser wundervolle, lebendige Mensch zu sein, der du immer warst. Bürde dir nicht alles allein auf, wir haben so viele Freunde, lass sie helfen, auch wenn du stark bist. Ich schreibe das, weil ich dich kenne.

Danke! Danke für alles, für deine Liebe und deine Stärke, die wie ein Kompass mein Leben immer genordet haben. Danke.

In Liebe und tiefer Verbundenheit, dein XX

Ein Mutmacher-Interview mit Barbara Jurowski – Tochter und pflegende Angehörige

Es ist mir eine große Freude, dass ich Barbara dafür gewinnen konnte, mir ihre persönliche Geschichte über die Demenzerkrankung ihrer Mutter zu erzählen. Barbara und ich haben uns 2023 in München auf dem ersten deutschlandweiten Demenz-Treffen kennengelernt.

Barbara erzählte mir ihre persönliche Geschichte als Tochter und pflegende Angehörige. Ihre Mutter erkrankte an einer seltenen und sehr aggressiven Form der Lewy-Body-Demenz, einer Erkrankung, die nicht so eindeutig wie Alzheimer-Demenz diagnostiziert werden kann. Welche Hürden sie in dieser Zeit meistern musste, ist unbeschreiblich, und ihre Worte berührten mich sehr. Mit wertvoller Unterstützung von ihrer Familie und der besten Freundin konnte sie voller Entschlossenheit und mit viel Mut ihrer Mutter beistehen und Hilfe finden, aber sie schaffte es auch, auf sich selbst zu achten. Vor einem Jahr musste sie von ihrer Mutter Abschied nehmen. Die letzten Jahre erlebte sie glücklich und zufrieden. Sie durfte noch viele schöne Stunden mit ihrer Mutti erleben. Was für ein Geschenk! Heute gibt Barbara ihre Erfahrung im Verein Desideria Care (siehe Anhang Seite 177) weiter und macht so anderen pflegenden Angehörigen Mut.

Mit welchen Herausforderungen wurdest du im Laufe der Erkrankung deiner Mutter konfrontiert?

Mein Vater wusste bereits seit Längerem über die Veränderung meiner Mutter Bescheid, verheimlichte es meinem Bruder und mir. Wenn ich ihn darauf ansprach, wollte er nichts davon hören und meinte, dass alles in Ordnung sei. Für mich war das unfassbar schwer, weil ich merkte, dass mein Vater überfordert war. Es war einfach zu viel, was er sich da aufbürdete.

Was, glaubst du, hat deinen Vater umgestimmt, deine Hilfe anzunehmen?

Genau weiß ich das natürlich nicht, aber vielleicht hat sich meine Stimme anders angehört, vielleicht merkte er, dass ich ihm nichts vorschreiben oder wegnehmen, sondern ihm in der schweren Situation beistehen möchte.

Wer stellte die Diagnose?

Wir sind mit meiner Mutter erst einmal zum Hausarzt. Es stellte sich heraus, dass sie eine Demenz hat, aber nicht an Alzheimer, sondern an einer aggressiver voranschreitenden Demenzform erkrankt war. Wir kamen zurück ohne Medikamente oder jegliche Therapien. Ich habe in jeder freien Minute nach einer Lösung und Unterstützung für meine Mutter gesucht.

Welche Symptome hatte deine Mutter?

Bei uns zu Hause ging es ziemlich rund, meine Mutter hatte Halluzinationen und Wahnvorstellungen und hat mich oft bis zu zehnmal in der Nacht angerufen, ich sollte die Polizei anrufen. Zudem hatte sie einen schwer gestörten Tag-Nacht-Rhythmus, hielt meinen Vater auf Trab und wurde auch mehrere Male handgreiflich. Sprachlich war meine Mutter anfangs noch topfit, sodass andere es gar nicht glauben konnten, dass sie krank war. Tagsüber spürte man, dass sie nicht mehr gut organisiert war und ihr zunehmend alles schwerer viel. Essen konnte sie nicht mehr kochen, sie brachte einfach zu viele Dinge durcheinander.

Wie ging es weiter, und wer hat euch schließlich weiterhelfen können?

Schwierig war es immer wieder, den Vater zu überzeugen, die Chance der Hilfe wahrzunehmen. Dann kam der entscheidende Moment, als in München die Marion-von-Tessin-Stiftung eine spezielle Tagesklinik für Menschen mit Demenz eröffnet hatte. Meine Mutter wurde in der Klinik herzlich empfangen. Dort werden Angehörige mit in die Behandlung einbezogen, und hier wird auf Augenhöhe gearbeitet und kommuniziert. Sie wurde morgens von einem Fahrdienst abgeholt und am späten Nachmittag zurückgebracht. Meiner Mutter wurden nicht nur alternative Therapien wie Musik und Kunsttherapie angeboten, sondern auch ein strukturierter Tag. Gleichzeitig kümmert sich ein Ärzteteam um die medikamentöse Therapie. Es stellte sich heraus, dass meine Mutter an einer besonders seltenen Form der sogenannten Lewy-Body-Demenz erkrankt war. Dann kam der Tag, an dem meine Mutter wieder nach Hause entlassen wurde.

Wie ging es danach weiter?

Zu Hause fing der Spuk wieder von Neuem an. Meiner Mutter fehlte die feste Struktur, die sie in der Klinik hatte und die ihr so guttat. Sie reagierte aggressiv auf meinen Vater, sobald dieser in den Überforderungsmodus kam. Mein Vater trank immer mehr, bis es schließlich eskalierte und mein Vater mitten in der Nacht bei mir anrief und mir ängstlich mitteilte, dass die Mutter versucht hatte, ihn die steile Kellertreppe herunterzustoßen.

Welche Veränderungen haben sich in deinem Alltag ergeben?

Wir, mein Mann und unser Jüngster und ich, wohnten bereits bei Beginn der Erkrankung meiner Mutter in der alten Ferienwohnung meiner Eltern. Als ich diesen Anruf von meinem Vater mitten in der Nacht bekam, fuhr ich noch in der gleichen Nacht zu meinen Eltern, um meine Mutter zu uns nach Hause zu holen. Als wir in der Ferienwohnung ankamen, zeigte sich, dass meine Mutter noch sehr gute Erinnerungen an unser altes Ferienhaus hatte.
Von nun an war ich ihre Bezugsperson, und somit folgte sie mir auf Schritt und Tritt, wohin ich auch ging. Ich schlief neben ihr im Bett und versuchte sie tagsüber viel zu beschäftigen, in der Hoffnung, dass sie abends mal zur Ruhe kam. Nachts war es schlimm, wenn sie mir mitten in der Nacht die Bettdecke wegzog und mich energisch

weckte, um mit ihr zu frühstücken, sie wurde ungehalten, wenn man nicht gleich ihrer Bitte nachkam.
Aus tiefster Verzweiflung rief ich meine Schwiegermutter an, zu der ich schon immer ein sehr gutes Verhältnis hatte. Sie kam noch am selben Tag zu uns und kümmerte sich die nächsten 14 Tage liebevoll um meine Mutter Sie übernahm all meine Aufgaben, die ich sonst mit meiner Mutter erledigte. Die beiden harmonierten erstaunlich gut und verstanden sich wie beste Freundinnen. Gleichzeitig wusste ich, dass ich eine dauerhafte Lösung für meine Mutter finden müsste, um meine Selbstfürsorge nicht noch länger zu vernachlässigen.
Wir erfuhren, dass ganz in unserer Nähe ein Platz in einer Wohngemeinschaft für Menschen mit Demenz frei wurde. Mein Bruder fuhr hin und fand eine so liebevoll eingerichtete und herzliche Wohngemeinschaft vor, dass wir uns entschlossen, einfach zuzugreifen. Als meine Mutter die WG zum ersten Mal betrat, waren wir sehr nervös, wie sie darauf reagieren würde. Hier fand sie nicht nur schöne helle Räume und ein gutes Gemeinschaftsgefühl vor, sondern sie schien sich auf Anhieb wohlzufühlen. Meine Mutter zog in die Wohngemeinschaft ein und verbrachte noch für einige Jahre eine gute Zeit. Nachdem ich zum Angehörigenvorstand gewählt wurde, hat es mir viel Freude bereitet, anderen Angehörigen Mut zu machen. Alles im Leben wird geführt, und wir dürfen den Mut an das Gute nicht verlieren.

Was macht dich in Bezug auf deine Mutter besonders glücklich?

Dass ich meine Mutter auf eine ganz besondere und großartige Art neu kennenlernen durfte und unsere Beziehung viel inniger war als je zuvor und wir viele schöne und glückliche Momente miteinander verleben konnten. Natürlich gab es auch mal schlechte Tage bei meiner Mutter, die haben wir doch alle mal. Doch nachdem sie in der Wohngemeinschaft angekommen war, konnte ich vieles mit anderen Augen sehen und wesentlich entspannter auf sie und die Situation eingehen. Meine Mutter konnte noch dreieinhalb Jahre glücklich und zufrieden in der Wohngemeinschaft leben. 2022 ist sie friedlich eingeschlafen.

Was bedeutet dir Selbstfürsorge?

Die Situation mit meinen Eltern und ganz besonders mit meiner Mutti war schon sehr kräftezehrend, weil ich oft an meine Grenzen gekommen bin. So etwas sollte man nicht einfach wegstecken, sondern sich möglichst frühzeitig Hilfe suchen. Ich habe in München den Verein Desideria Care gefunden, bei dem ich als pflegende Angehörige Halt gefunden und durch den ich im Nachhinein auch vieles erst verstanden habe. Hier bringe ich mich ein und mache anderen pflegenden Angehörigen Mut. Ich bin glücklich, etwas zurückzugeben für all die großartige Hilfe, die mir zuteilwurde. Selbstfürsorge ist so wichtig, und heute würde ich vieles von Beginn anders machen.

Was möchtest du unseren Lesern noch mit auf den Weg geben?

Habt den Mut, euch so schnell wie möglich Hilfe zu suchen! Nur gemeinsam, indem wir uns verbinden und entlasten, wird das Leben mit der Demenz lebenswert und kann sich das Negative ins Positive wandeln …

Vielen Dank, liebe Barbara, für das wertvolle Interview und deine berührenden Worte.

Wie gut, dass Barbara gute Freunde und eine Familie hat, die ihr den Rücken stärken. Doch sagt Barbara ganz deutlich, dass jeder pflegende Angehörige die Entscheidung für seine Selbstfürsorge selbst treffen muss. Dazu gehört auch, sich Hilfe von Experten zu holen, die dich unterstützen, deine körperliche und geistige Gesundheit wieder in Balance zu bringen. Egal, wie stark du vor der Erkrankung deines Angehörigen warst, eine Demenzerkrankung kann dein Leben ganz schön auf den Kopf stellen und dich schnell an deine Belastungsgrenze bringen. Passt man nicht frühzeitig auf sich auf, kann das verheerende Folgen haben.

Und eines darfst du nie vergessen, wie Barbara betonte: Es gab sehr schöne und glückliche Momente für sie und ihre Mutter, trotz der immer weiter fortschreitenden Erkrankung.

Infoteil: Basiswissen Demenz

Wenn du dich und den Feind kennst, brauchst du den Ausgang von hundert Schlachten nicht zu fürchten.

SUNZI IN *DIE KUNST DES KRIEGES*

Es ist von Vorteil, ein grundlegendes Verständnis für Demenz zu haben, um das Verhalten deines Angehörigen besser zu verstehen und eine positive Beziehung zu ihm aufzubauen. Deswegen im Folgenden ein kurzer Überblick mit Wissenswertem zur Erkrankung – eine vollständige Erklärung würde den Umfang dieses Ratgebers sprengen. Wenn du dich jedoch intensiver mit dem Thema beschäftigen möchtest, findest du im Anhang weiterführende Literatur.

Eines sei vorangestellt: Eine Demenz ist keine Grippe, bei der die Symptome nach ein paar Tagen wieder verschwinden. Sie taucht nicht von heute auf morgen auf, und die Auswirkungen sind je nach Form der Erkrankung sehr unterschiedlich. Wir können vieles tun, um Symptome zu mildern und das Fortschreiten zu verlangsamen, doch heilen können wir die Demenz leider noch nicht. Wenn wir also unseren Angehörigen begleiten, müssen wir akzeptieren, dass Veränderungen folgen werden und er sich langsam von uns verabschiedet.

Was ist Demenz?

Einfach gesagt ist Demenz eine Erkrankung des Gehirns, ein Überbegriff für viele Symptome, die eine kognitive Beeinträchtigung, beispielsweise eine Verminderung von Konzentration und Gedächtnisleitungen zur Folge haben. Hierbei sind je nach Form unterschiedliche Bereiche im Gehirn betroffen. Gehirnzellen werden geschädigt und sterben schließlich ab. Je größer dieser Verlust ist, umso mehr kommt es zu einer Atrophie, einer Schrumpfung des Hirngewebes. Demnach gehört die Demenz zu den neurodegenerativen Krankheiten, wie Multiple Sklerose oder Parkinson.

Die Demenz ist als Erkrankung weltweit deutlich auf dem Vormarsch, was nicht zuletzt an der demografischen Entwicklung liegt: Wir werden immer älter. Hierzu ein paar beeindruckende Zahlen von der Alzheimer Gesellschaft aus dem Jahr 2022:

- 1,8 Millionen Erkrankungen in Deutschland
- 900 Neuerkrankungen pro Tag
- Die häufigste Form der Demenz ist Alzheimer.
- ⅔ der Erkrankten sind Frauen.

Grundsätzlich unterteilt sich die Demenz in zwei Bereiche: die Gedächtnisstörung und die Veränderung im Verhalten. Die Gedächtnisstörung führt dazu, dass sich Neues immer schlechter einprägt und die Konzentration sich nach und nach verschlechtert. Zunehmende Wortfindungsstörungen verhindern eine freie Kommunikation und erschweren es dem Erkrankten, sich sprachlich und schriftlich mitzuteilen. Es wird schwieriger für ihn, Situationen zu überblicken, zu planen und Gespräche mit anderen Menschen zu führen, zu folgen und zu verstehen. Die Fähigkeit, sich örtlich und zeitlich zu orientieren, verblasst, sodass bekannte Wege und auch Gegenstände nicht mehr erkannt und genutzt werden. Im weiteren Verlauf kommt es zum Verlust des Langzeitgedächtnisses.

Das Verhalten ändert sich zunehmend, und vermehrte Antriebslosigkeit tritt auf. Aggressives Verhalten äußert sich, wenn sich der Betroffene nicht verstanden, respektlos behandelt und sich in die Enge gedrängt fühlt. Auch das Auftreten psychischer Störungen wie Halluzinationen und mögliche Wahnvorstellungen kann zu herausforderndem Verhalten führen.

Diese Aufzählungen sollen dich keinesfalls verstören, sondern nur zu besserem Verständnis führen, denn Erkenntnis bringt Verständnis, und dies wiederum hilft dir, entspannter mit deinem Angehörigen und der Situation umzugehen. Bitte bedenk, nicht alle Symptome treten bei jedem Erkrankten gleichermaßen auf. Jeder Mensch ist anders. So zeigen sich die Verluste und Einschränkungen auch stets auf verschiedene Art.

Formen der Demenz

Oft werden Demenz und Alzheimer als Synonyme verwendet. Ist das nicht dasselbe? Die Antwort mag für einige vielleicht überraschend sein. Nein, die beiden Krankheiten sind nicht identisch: Demenz ist der Oberbegriff für über 50 verschiedene Formen degenerativer Erkrankungen des Gehirns, die mit unterschiedlichen Symptomen auftreten können. Viele davon sind noch kaum erforscht. Die bekannteste und häufigste Form ist die Alzheimer-Demenz. Auf Platz zwei finden wir die vaskuläre Demenz, die auch gefäßbedingte Demenz genannt wird. Mischformen bilden nur einen kleinen Anteil. Die genetisch bedingte Demenz ist mit 2 bis 5 Prozent Anteil die seltenste Form.

Primäre und sekundäre Demenz

Weiter wird die Erkrankung in zwei Kategorien eingeteilt, in primäre und sekundäre Demenz. Die primäre Demenz hat ihren Ursprung direkt im Gehirn und kann mit einem speziellen Demenztest und weiterführenden Untersuchungen nachgewiesen werden. Die primäre Demenz ist nach dem jetzigen Wissensstand nicht reversibel und damit nicht behandelbar. Ihr Verlauf kann allerdings durch gezielte Therapie verlangsamt werden.

Die sekundäre Demenz hingegen ist reversibel, kann also behandelt werden. Hier beginnt die Erkrankung nicht im Gehirn, sondern hat andere Auslöser. Dazu gehören Diabetes mellitus (Zuckerkrankheit), Schilddrüsenerkrankungen, »Wasser im Gehirn« (Normaldruckhydrozephalus), Folgen eines Schädelhirntraumas und auch psychische Belastungsstörungen. Ebenso kann ein Mangel an B-Vitaminen oder die Neben- oder Wechselwirkungen von Medikamenten eine sekundäre Demenz auslösen.

Risikofaktoren, die eine Demenz begünstigen

Fast jede Erkrankung ist das Ergebnis von angehäuften Risikofaktoren, Stress ist dabei einer der kritischsten Faktoren. Unsere schnelllebige Welt fordert ihren Tribut: Alles muss schnell gehen, wir nehmen unsere Mahlzeiten im Stehen oder Gehen ein, ihre Qualität entspricht dem: Fast Food, industriell verarbeitete Zutaten, vollgepackt mit gesundheitsschädlichem Zucker, Geschmacksverstärken und Salz. Es fehlt uns die Zeit, viele Dinge im Leben bewusst anzugehen, wir werden von Reizen überflutet, der Leistungsdruck steigt und steigt. Dass Körper und Geist so einiges verkraften und ausbalancieren müssen, spüren wir oft erst nach Jahrzehnten. Chronische Krankheiten haben sich bis dahin bereits manifestiert. Diese schleichende Entwicklung ist mit einem Eimer vergleichbar, der unter einem tropfenden Wasserhahn steht – bis er schließlich überläuft, vergeht viel Zeit. Doch zwei Dinge sind gewiss: Es wird erstens dazu kommen, dass unser Körper Schaden nimmt. Und zweitens gilt es dann, den Schaden mit viel Einsatz zu beheben oder zumindest zu begrenzen.

Und so können auch diverse Faktoren eine Demenz begünstigen, wobei sich die Hauptrisikofaktoren an etwas mehr als zwei Händen abzählen lassen. Einige werden dir bekannt vorkommen, andere werden vielleicht für dich neu sein:

- ungesunde Ernährung
- Bewegungsmangel
- übermäßiger Genuss von Alkohol, Drogen und Nikotin
- Schwerhörigkeit
- Alter
- fehlende soziale Kontakte
- Stress
- zu wenig Entspannung
- Schwermetalle sowie andere Umweltgifte
- anhaltender Schlafmangel
- psychische Erkrankungen

Frauen haben ein höheres Risiko, an Demenz zu erkranken, als Männer. Laut dem Informationsblatt 1 der Alzheimer Gesellschaft sind zwei Drittel der an Demenz Erkrankten weiblich. Allein schon aufgrund der komplexen hormonellen Situation sind Frauen besonders gefährdet. Auch sind sie durch die vielen verschiedenen Aufgabengebiete vermehrt Stress ausgesetzt. So ist zum Beispiel die häusliche Pflege ein Bereich, in dem immer noch mehr Frauen als Männer im Einsatz sind, selbst wenn sie in Voll- oder Teilzeit weiter ihrem Beruf nachgehen.

Schon dement oder einfach nur vergesslich?

Würden wir alle Informationen, die täglich auf uns einströmen, behalten, wäre unser Gehirn einer extremen Belastung ausgesetzt. So entscheidet und sortiert unser Gehirn in erster Linie im Schlaf, welche Informationen gespeichert werden und welche nicht. Ab und zu den Autoschlüssel zu verlegen oder eine Verabredung zu versäumen, ist völlig normal, insbesondere wenn wir viel um die Ohren haben. Es gibt viele verschiedene Faktoren, die für Vergesslichkeit verantwortlich sein können, ohne das Vorliegen einer Demenz. Zu wenig Flüssigkeit, zu viel Stress, gestörte Durchblutung, fehlende Nährstoffe, erhöhte Medikamenteneinnahme oder das Vorliegen eines unentdeckten Diabetes können dafür sorgen, dass dein Gedächtnis schwächelt. Doch in diesen Fällen kann recht schnell Abhilfe geschaffen werden. Nehmen allerdings die Defizite zu, solltest du deine Gewohnheiten mithilfe des folgenden Fragebogens prüfen. Sollten sich dauerhaft Symptome zeigen, dann zögere nicht, einen Termin bei deinem Hausarzt auszumachen. Ein ausführlicher Check kann die Gründe aufdecken.

GEDÄCHTNIS-CHECK

Beantworte die Fragen ehrlich, nur so kannst du für dich herausfinden, ob deine Vergesslichkeit möglicherweise andere Gründe hat als eine beginnende Demenz. Dieser Check ersetzt keinen Arztbesuch.

Ja	Nein	
		Trinkst du genügend Wasser, mind. 1,5 Liter am Tag?
		Bekommst du ausreichend Schlaf?
		Achtest du auf eine gesunde und ausgewogene Ernährung?
		Kannst du im Alltag gut mit Stress umgehen?
		Pflegst du soziale Kontakte (Freunde, Bekannte)?
		Lässt du regelmäßig deinen Blutdruck und -zucker kontrollieren?
		Nimmst du weniger als fünf Medikamente ein?
		Kannst du gut abschalten und entspannen?

Auswertung:
Hast du alle Fragen mit Ja beantwortet, sorgst du gut für dich und dein Gehirn. Hast du mindestens eine Frage mit Nein beantwortet, kann dies der Grund für eine einfache Vergesslichkeit sein. Einige Dinge lassen sich sicher durch kleine Änderungen im Alltag umstellen oder veranlassen dich, einen Termin mit deinem Hausarzt zur Abklärung auszumachen. Hast du mehr als vier Fragen mit Nein beantwortet, sei dir darüber bewusst, dass deine Gesundheit bereits leiden kann. Versuch, an den Stellschrauben zu drehen, und lass dich zügig und gründlich beim Arzt durchchecken.

Diagnose Demenz

Über das Krankheitsbild der Demenz gibt es viele Mythen. In den Medien begegnen uns die unterschiedlichsten Vorurteile über alte Menschen und Demenz, Aussagen wie »Menschen mit Demenz sind im Umgang schwierig, laufen ständig weg, vergessen alles, erkennen ihre Angehörigen nicht mehr, erleiden ein langsames Dahinsiechen bis zum bitteren Ende«. Solche Sätze lösen natürlich Verunsicherung und Angst aus. Gleichzeitig hoffen wir, dass die Krankheit weder uns noch unsere Familie trifft. Aber an dieser Stelle werfe ich ein lautes Stopp! ein und bitte dich: Hab keine Panik. Wichtig ist, nicht die Veränderung des Kranken und seiner oder unserer Lebensumstände zu fürchten, sondern uns eine innere Haltung zuzulegen, wie wir sinnvoll und zum Besten aller Beteiligten damit umgehen können.

Symptome früh ansprechen

Eine der wichtigsten Voraussetzungen für einen sinnvollen Umgang ist, das Auftreten von möglichen Symptomen nicht zu ignorieren. Sprich deine Beobachtungen an und lass sie unbedingt ärztlich abklären. Je früher, desto besser. Es ist definitiv ein Irrglaube, dass Demenz das Ende bedeutet und eine Diagnose daran auch nichts mehr ändern kann. Weit gefehlt: Eine frühe Diagnose ist sogar wichtiger, als du es dir vorstellen kannst. Um dies anschaulicher zu machen, möchte ich dir gern ein Paar vorstellen: Lissi und Martin.

Lissi und Martin sind schon seit über 30 Jahren miteinander verheiratet. Sie lebten eine klassische Arbeitsteilung: Lissi hat sich um die Kinder und den Haushalt gekümmert, Martin übernahm Verträge und Finanzen. Bislang lief immer alles reibungslos. Doch in letzter Zeit ist Martin zunehmend unzufrieden, ärgert sich wegen Kleinigkeiten und zieht sich vermehrt in sein Büro zurück. Lissi hat das Gefühl, sie kann ihrem Martin nichts mehr recht machen. Was ist mit ihm los? Sie ist verunsichert, nimmt sein Verhalten aber zunächst hin. Als Martin jedoch aufhört, seine Briefe zu öffnen, wird Lissi stutzig. Sie bittet ihn, sich um die Post zu kümmern, macht sich aber darüber hinaus keine weiteren Gedanken. Als Martin Tage später die Briefe immer noch nicht geöffnet hat, muss Lissi sich selbst darum kümmern. Sie ist geschockt, denn es handelt sich um mehrere Mahnungen nicht bezahlter Rechnungen. Das ist ihrem Mann nicht einmal in all den Ehejahren passiert. Wie kann sie mit Martin über diesen Vorfall sprechen, ohne ihm zu nahe zu treten?

Nach ein paar Tagen fasst sie sich ein Herz und sucht das Gespräch mit ihrem Mann. Dieser ist außer sich, als Lissi ihm von den Mahnungen erzählt. So aufbrausend hat sie ihn noch nie erlebt. Er findet Ausreden für sein Versäumnis und greift sie mit Worten an, will ihr die Schuld zuschieben. Lissi ist verstört und beunruhigt – vielleicht ist alles nur halb so schlimm, und sie macht sich zu Unrecht Sorgen?

Als sich Martin jedoch einige Tage später etwas auf dem Herd warm machen möchte, schaltet er die Herdplatte an und setzt sich an den Wohnzimmertisch, um sein Kreuzworträtsel zu lösen. Er vergisst alles andere um sich herum und bemerkt nicht, dass in der Küche dichter Qualm aufsteigt. Als Lissi ins Zimmer kommt, sitzt Martin seelenruhig am Tisch, über sein Rätsel gebeugt und bemerkt nicht, was vorgeht. Lissi kann nur durch schnelles Eingreifen Schlimmeres verhindern.

Lissi ist fassungslos. Was ist nur los mit ihrem Martin? Sie macht sich große Sorgen und kann ihn nach diesem Vorfall dazu bringen, ihren langjährigen Hausarzt aufzusuchen, um sich gründlich durchchecken zu lassen. Ihre beste Freundin, der sie im Vertrauen von ihren Beobachtungen und Martins Verhalten erzählt, vermutet eine beginnende Demenz. Lissi hofft sehr, dass dies nicht der Fall ist. Sie hat gemischte Gefühle und Angst vor einer Diagnose.

Warum ist eine frühe Diagnose so wichtig?

Wie Lissi geht es vielen Angehörigen: Die Angst vor dem Endgültigen bremst uns aus und lässt wertvolle Zeit verstreichen. Dabei kann uns schnelles Handeln Klarheit verschaffen, sodass wir gezielt reagieren können. Sollte es sich um eine sekundäre Demenz (siehe Seite 151 f.) handeln, kann dem Betroffenen recht schnell geholfen werden. Selbst wenn eine primäre Demenz (siehe Seite 151 f.) festgestellt wird, kann eine frühe Diagnose helfen, wichtige Therapien – sowohl medikamentös als auch nichtmedikamentös – einzuleiten, die den Verlauf der Krankheit verlangsamen oder ihn zumindest stabil halten. Liegt also der Verdacht auf Demenz vor, sollte der erste Weg zum Hausarzt führen.

Erste Hilfe vom Hausarzt

Wenn man das Glück hat, dass sich Hausarzt und Angehöriger bereits seit vielen Jahren kennen, macht dies einiges einfacher, da oft ein gutes Vertrauensverhältnis besteht. Dem Arzt ist die Krankengeschichte bekannt, und er hat einen Überblick über Medikamente, die eventuell eingenommen werden. Zu Beginn erfolgt eine ausführliche Anamnese, die folgende Fragen umfasst:

- Welche Beschwerden oder Symptome sind im Detail aufgetreten, und inwieweit stehen Vorerkrankungen mit den derzeitigen Symptomen in Verbindung?
- Wann traten diese Veränderungen auf beziehungsweise wurden zum ersten Mal bewusst wahrgenommen?
- Welchen Schweregrad weisen die Beschwerden auf, und welche Beeinträchtigungen treten im Alltag auf?
- Liegt bereits eine psychische Erkrankung wie Depressionen vor?
- Welche Medikamente oder Nahrungsergänzungsmittel werden zu den bereits bekannten eingenommen?
- Ist eine Demenzerkrankung in der Familie bekannt?

Sehr hilfreich ist es, wenn ein nahestehender Angehöriger noch seine Beobachtungen mit einfließen lässt. Anschließend können eine ausführliche körperliche Untersuchung und ein großes Blutbild helfen, den Beschwerden genauer auf den Grund zu gehen. Wenn weiterhin der Verdacht einer Demenz besteht, können mithilfe von neuropsychologischen Tests kognitive Beeinträchtigungen ermittelt werden. Dazu zählen Einschränkungen der Gedächtnisleistung, Aufmerksamkeitsspanne, Konzentration, Sprache, Orientierung und Wahrnehmung.

Demenz ist nicht gleich Demenz

Der Verlauf einer Demenz kann recht unterschiedlich sein, und somit sind die einzelnen Phasen auch nicht genau voneinander abgrenzbar. Nach Erhalt der Diagnose dürfen wir nicht vergessen, dass nicht nur wir als Angehörige die Diagnose vernommen haben, sondern auch der Erkrankte. Zu Beginn der Erkrankung sind bei ihm noch viele klare Momente vorhanden, und Betroffene erfahren bewusst die Defizite, wenn alltägliche und gewohnte Abläufe nicht mehr adäquat durchgeführt werden können. Der zunehmende Verlust früherer Fähigkeiten kann zu depressiver Verstimmung, Unruhe, Vorwürfen oder auch zu sozialem Rückzug führen. Später werden die Einschränkungen nur noch selten bis kaum wahrgenommen. In der folgenden Infobox bekommst du einen groben Überblick über den Verlauf der Demenz. Grundsätzlich wird er in drei Stadien unterteilt, wobei diese ineinander übergehen und nicht ganz klar abgrenzbar sind. Außerdem ist die Entwicklung bei jeder Person individuell. Die Übersicht kannst du aber zu deiner Orientierung nutzen. Wenn du noch mehr über die Erkrankung wissen möchtest und wissen willst, wie du dich selbst davor schützen kannst, liest du auf Seite 152 ff.

DIE STADIEN DER DEMENZ

Frühstadium: Es kommt vermehrt zu Vergesslichkeit im Kurzzeitgedächtnis und Defiziten in der Orientierung sowie zu leichten Wortfindungsstörungen. Wir kennen es selbst: Es liegt uns ein Wort auf der Zunge, aber wir können es nicht artikulieren. Später fällt es uns meist wieder ein, und wir sprudeln es heraus. Bei einer Demenz kehrt die Erinnerung allerdings nicht mehr zurück, das Wort bleibt vergessen. Darüber hinaus führen Stresssituationen zu Reizüberflutung, was sich im Verhalten verstärkt widerspiegeln kann in Form von Reizbarkeit, Stimmungsschwankungen und sozialem Rückzug. Alltägliche Verrichtungen können in diesem Stadium meist noch eigenständig durchgeführt werden. Es zeigen sich nur leichte Einschränkungen beim Multitasking oder beim Treffen von Entscheidungen, insbesondere in Verbindung mit Finanzen.

Mittleres Stadium: Dein Angehöriger verändert sich deutlich im Wesen und in seiner Persönlichkeit. Kurzzeit- und Langzeitgedächtnis gehen zunehmend verloren. Es kommt zu Verwechslungen bezüglich von Ort und Zeit sowie von Namen bis hin zur Nichterkennung. Sprachstörungen nehmen zu, sodass es deinem Angehörigen immer schwerer fallen wird, sich verständlich mitzuteilen und seinen Gesprächspartner zu verstehen. Eine unbeschwerte Kommunikation wird nicht mehr möglich sein, da Worte durch andere Worte ersetzt werden und die Logik hinter dem Gesagten immer schwerer zu entschlüsseln ist. Das heißt, dein Angehöriger entwickelt seine eigene Sprache, die für dich oft keinen Sinn ergibt. Einfache Verrichtungen fallen immer schwerer, sodass der Alltag nun nicht mehr ohne fremde Hilfe gemeistert werden kann. Betroffene brauchen Unterstützung bei der Körperpflege und beim An- und Auskleiden, beim Essen und

Trinken, weil sie das Wie und Warum zunehmend vergessen. Es kann sich ein verstärkter Laufdrang und ein ständiges Suchen nach Dingen einstellen. Betroffene werden zunehmend misstrauischer und glauben oft, wenn sie etwas nicht finden, bestohlen worden zu sein, verbunden mit lauten Rufen nach Hilfe und sogar der Polizei. Ein gestörter Tag-Nacht-Rhythmus kann sich entwickeln, der Betroffene macht die Nacht zum Tage und umgekehrt. Es wird definitiv Hilfe in der Versorgung und in der täglichen Betreuung benötigt.

Spätstadium: Im letzten Stadium stellen einige Betroffene komplett das Sprechen ein. Der Blick wirkt leer. Betroffene laufen zeitweise noch suchend umher, weil sie in ihrer Orientierung größtenteils gestört sind. Ihre Identität verblasst: Alles, was einmal an Erinnerungen vorhanden war und was sie als Person ausmachte, gerät in Vergessenheit. Es besteht zunehmende Sturzgefahr, weil der Körper immer mehr in Mitleidenschaft gezogen wird und es an Kraft fehlt. Zusätzlich kommt es zu Schluckstörungen, die beim Essen und Trinken das Eindringen von Flüssigkeit oder Nahrung oder beidem in die oberen Atemwege bedingen kann, der sogenannten Aspiration. Daraus kann eine lebensbedrohliche Atemnot oder Lungenentzündung entstehen. Auf Dauer baut der Körper zunehmend ab, sodass Betroffene auf den Rollstuhl angewiesen sind oder sogar bettlägerig werden.

Wie du bereits im Kapitel »Miteinander und gestärkt durch den Tag« (ab Seite 122) erfahren hast, gehören Veränderungen zu jedem Leben dazu. Trotz der Ängste und Unsicherheiten im Verlauf der Demenzerkrankung ist es entscheidend, sich auch an die kostbaren gemeinsamen Zeiten zu erinnern und im Hier und Jetzt zu leben. In den schwersten Momenten sollte die hingebungsvolle Fürsorge nicht das eigene Leben vergessen lassen. Das Loslassen des Alten ermöglicht Raum für Neues, auch wenn der Abschied näher kommt. Selbst wenn sich dein Angehöriger in seine eigene Welt zurückzieht, bleibt die Kraft der Liebe spürbar. In dieser Situation ist wichtig, zu wissen, dass man nicht allein ist und dass für sich selbst zu sorgen die größte Hilfe für den geliebten Menschen ist – selbst wenn er es nicht mehr ausdrücken kann.

Infoteil: Finanzielle Unterstützungen und Entlastungsangebote

Nach der Diagnose solltest du zusammen mit der Pflegeberatung den Pflegegrad deines Angehörigen prüfen lassen. Dieser ist notwendig, um von den finanziellen Mitteln und Entlastungsangeboten der Pflegekasse zu profitieren. Aus Erfahrung weiß ich, dass viele pflegende Angehörige nicht alle Möglichkeiten kennen oder sie nicht in Anspruch nehmen, weil es ihnen unangenehm ist. Dabei gibt es einen gesetzlichen Anspruch auf Hilfestellungen, die je nach Pflegegrad finanziell unterstützt werden können:

- Je nach Pflegegrad Pflegegeld und ein monatlicher Entlastungsbeitrag
- Professionelle Unterstützung bei der Pflege zu Hause durch einen ambulanten Pflegedienst
- 24-Stunden-Pflege
- Stundenweise Betreuung
- Anspruch auf bestimmte Hilfsmittel wie Gehhilfe, Rollstuhl oder Pflegebett
- Finanzielle Hilfen für die Wohnraumanpassung zur Erleichterung der Pflege und Sicherheit für den pflegenden Angehörigen

Die Einstufung wird durch den medizinischen Dienst der Krankenkasse zu Hause erfolgen. Die Höhe des Pflegegrads bestimmt zum Teil auch die Höhe der Zuschüsse. Die Pflegeberatung berät ausreichend dazu und ist bei der Antragstellung behilflich (Links und Kontakt siehe Anhang).

Praktische Tipps für finanzielle Unterstützung

Eins vorausgeschickt: Das Pflegetagebuch ist eine wichtige Dokumentation zum Zeit- und Pflegeaufwand und eine enorme Hilfe bei der Einstufung des Pflegegrades (mehr dazu Seite 13).

Zuschüsse für ein altersgerechtes und barrierefreies Zuhause: Mit einem Pflegegrad stehen für euch Zuschüsse bis zu 4000 Euro bei der Pflegekasse bereit, damit die Selbstständigkeit und Sicherheit in den eigenen vier Wänden gewährleistet bleibt. Ändert sich der Pflegebedarf und sind weitere Veränderungen notwendig, so kann die Pflegekasse die Bewilligung weiterer Zuschüsse prüfen. Beispiele für mehr Barrierefreiheit sind beispielsweise der Treppenlift oder die Notwendigkeit für ein barrierefreies Bad. Ein Umbau von der Badewanne zu einer begehbaren Dusche kann in gerade mal 24 Stunden vorgenommen werden. Weitere Informationen zu den Zuschüssen und möglichen Anbietern findest du im Anhang.

Finanzielle Absicherung und Hilfen: Pflege kostet enorm viel Geld, egal ob im Heim oder in den eigenen vier Wänden. Deshalb hab keine Scheu und nutz alles, was euch zusteht. Im Internet gibt es Pflegeberatungen, auf deren Webseiten du dich zu jeder Zeit über viele Themen informieren kannst. Sie kümmern sich um alles, was mit Pflege, Betreuung, Entlastung und Finanzierung zu tun hat. Die Pflegeberatungen sind für ganz Deutschland zuständig und mit Anbietern aus deiner Region bestens vernetzt. Sie haben eine telefonische Erreichbarkeit von zwölf Stunden am Tag und beraten dich kostenfrei. Auch ich habe privat wie beruflich schon häufig die Unterstützung der Pflegeberatung benötigt und hervorragende Hilfe erhalten, daher kann ich sie dir nur wärmstens weiterempfehlen. Adressen und Links findest du im Anhang.

Infoteil: Patientenverfügung und Vorsorgevollmacht

Vorsorge heißt, dass du dir später keine Sorgen machen musst, wenn der Ernstfall eintritt. Also wenn nicht jetzt, wann dann?

CHRISTIANE BRZOSKA (RECHTSANWÄLTIN)

Die Vorstellung, nicht mehr über die eigenen Angelegenheiten entscheiden zu können, mag für viele Menschen besorgniserregend sein, aber auch ein Thema, das sie vor sich herschieben. Das Leben kann jedoch jederzeit eine plötzliche und unvorhersehbare Wendung mit sich bringen, die unsere Handlungsfähigkeit erheblich einschränken kann. Das müssen nicht erst altersbedingte Umstände sein, ein Unfall oder eine Krankheit kann uns bereits in jungen Jahren zustoßen. Daher sollte man bereits ab der Volljährigkeit mit 18 Jahren über eine Patientenverfügung und Vorsorgevollmacht verfügen. Sie sind kraftvolle Werkzeuge, die es ermöglichen, den eigenen Willen und seine Vorstellungen für die besonderen und kritischen Situationen festzulegen. So kannst du dir sicher sein, dass deine Wünsche und auch deine Werte durch diese so wichtigen Dokumente geschützt werden.

Da Vorsorgevollmacht und Patientenverfügung nicht nur sehr bedeutende, sondern auch sehr umfangreiche fachspezifische Themen sind, habe ich die Rechtsanwältin Christiane Brzoska, die sich darauf spezialisiert hat, gebeten, uns kurz und kompakt die wichtigsten Informationen an die Hand zu geben. Denk bitte daran, dass all diese Punkte, die du hier gleich erfahren wirst, für dich als pflegender Angehöriger genauso wichtig sind. Falls du noch keine Vorsorgevollmacht und Patientenverfügung für deinen Angehörigen oder dich selbst vorliegen haben solltest, findest du im Anhang Informationen und Anlaufstellen dazu.

Die Basisinfos der Rechtsanwältin zu Vorsorgevollmacht und Patientenverfügung

Zeitpunkt und Umstände: Besonders wenn die Demenz in einem frühen Stadium erkannt wird, ist es wichtig, diverse Maßnahmen zur Vorsorge zu ergreifen. Dazu gehören zunächst die Patientenverfügung und die Vorsorgevollmacht. Voraussetzung einer Vorsorgevollmacht und Patientenverfügung ist die Geschäftsfähigkeit, das heißt, dein Angehöriger muss noch in der Lage sein, eigenverantwortlich Entscheidungen zu treffen. Dies ist im Anfangsstadium der Demenz noch möglich. Zur Sicherheit sollte man sich die Geschäftsfähigkeit auf der Vorsorgevollmacht noch vom (Haus-)Arzt bestätigen lassen.

Was wird in der Vorsorgevollmacht geregelt? Mit der Vorsorgevollmacht sorgt der Angehörige für den Fall vor, dass er zu krank ist, um seine eigenen Angelegenheiten zu regeln. Man ernennt darin eine Person, die sämtliche Geschäfte für einen erledigen darf. Dazu gehören, eine Operation oder sonstige ärztliche Behandlungen zu genehmigen, Heimverträge abzuschließen, Geldgeschäfte zu tätigen (wichtig: Hier ist die Vollmacht der jeweiligen Bank notwendig, diese sollte unbedingt in Begleitung deines Angehörigen besorgt werden, solange dieser geschäftsfähig ist), die Post zu öffnen und zu beantworten. Da diese Person für den kranken Vollmachtgeber handeln soll, sollte es eine Vertrauensperson sein. Die Vertrauensperson wird Bevollmächtigte*r genannt, ist also ein Mensch, der dir nahesteht wie Ehepartner*in, Kinder, Verwandte. Diese Person muss im

Falle deiner geistigen Verwirrtheit eventuell alles für dich bestimmen – was du zu essen bekommst, wo du wohnst und zu welchem Arzt du gehst. Die Vorsorgevollmacht wird oft Betreuungsvollmacht genannt, da der Vertreter eines Kranken »gesetzlicher Betreuer*in« genannt wird.

Was wird in der Patientenverfügung geregelt? In der Patientenverfügung regelt man, wie man im Krankheitsfall behandelt werden möchte beziehungsweise wie man nicht oder nicht mehr behandelt werden möchte. Fragen wie: Wie lange möchtest du im Koma liegen? Möchtest du künstlich ernährt werden? Willst du Sterbehilfe oder Organspende leisten? Wie gesagt muss man für die Ausstellung der Vollmacht und der Verfügung geschäftsfähig sein, und sie ist absolut freiwillig. Kein Mensch kann zu einer Patientenverfügung gezwungen werden. Die bevollmächtigte Person aus der Vorsorgevollmacht muss die Regelungen aus der Patientenverfügung durchsetzen. Der Arzt ist dieser Person gegenüber von der ärztlichen Schweigepflicht befreit, das hängt von den Regelungen in der Patientenverfügung ab.

Wer sollte bevollmächtigt werden? Du solltest dir für die Vorsorgevollmacht gut überlegen, wen du bevollmächtigen möchtest. Dies sollte eine Vertrauensperson sein, die bei dir in der Nähe wohnt. Und du solltest mindestens zwei Personen benennen. Denn jede*r kann selbst krank werden oder beruflich oder im Urlaub unterwegs sein. Auch dann muss deine Versorgung gewährleistet sein.

Wie lang gilt die Vollmacht? Die Vollmacht sollte über den Tod hinaus gelten. Denn bis deine Erben laut Nachlassgericht feststehen, vergehen durchschnittlich sechs bis zwölf Monate. Das Nachlassgericht prüft die Erbenstellung und erstellt dann erst einen Erbschein, der die Erben ermächtigt, für die verstorbene Person zu handeln. In der Zwischenzeit ist es sinnvoll, bereits die Beerdigung zahlen zu können, die Wohnung und Versicherungen zu kündigen und sonstige Zahlungen abzuwickeln.

Was wird in der Patientenverfügung niedergelegt? Eine Patientenverfügung muss aktuell und individuell sein, das heißt, solange du gesund bist, solltest du die Patientenverfügung regelmäßig mit neuem Datum unterschreiben. Meine Empfehlung ist, das alle zwei Jahre zu machen. Individuell bedeutet, dass du konkrete Vorgaben machen solltest, deshalb sollte die Patientenverfügung mehr als eine Seite lang sein. Es genügt nicht, zu schreiben, dass im Falle einer schweren Krankheit die Apparate abgeschaltet werden sollen. Du selbst musst beschreiben, in welchem konkreten Fall die Behandlung abgebrochen werden soll oder nur noch palliative Maßnahmen ergriffen werden sollen, also nur noch eine pflegende Behandlung ohne Medikamente außer Schmerzmitteln. Zur Verdeutlichung: Stell dir vor, du bist die bevollmächtigte Person oder der Arzt und du musst verstehen, ob die Behandlung beendet werden darf oder nicht. Da sind konkrete Formulierungen wie »Ich möchte nur drei Monate im Koma liegen« oder »Ich möchte nur fünf Minuten wiederbelebt werden« sehr hilfreich. Denn Arzt oder Bevollmächtigter dürfen diese Entscheidung nicht selbst treffen, das wäre eine Straftat. Nur wenn du in der Patientenverfügung geregelt hast, unter welchen Voraussetzungen die medizinische Maßnahme abgebrochen werden darf, kann die bevollmächtigte Person den Arzt anweisen. Solange du noch geschäftsfähig bist, kannst du Vorsorgevollmacht und Patientenverfügung im Übrigen jederzeit ändern – deine Festlegungen sind nicht in Stein gemeißelt, sondern können jederzeit von dir modifiziert werden.

Wo gibt es Vorlagen? Ob du ein Formular aus dem Internet verwendest oder dich von Rechtsanwalt oder Notar beraten lässt, hängt von dir ab, hier gibt es keine Vorgaben. Beratung hat den definitiven Vorteil, dass du einer Fachperson deine Fragen stellen kannst. Außerdem geht es in der Regel schneller, und die Vorsorgevollmacht und die Patientenverfügung sind rechtssicher. Bei einem Internetformular besteht die Gefahr, dass du einen unzureichenden Vordruck verwendest. Vorsorgevollmacht und Patientenverfügung müssen nicht notariell beurkundet werden, sondern bedürfen nur der Schriftform. Nur wenn du willst, dass die bevollmächtigte Person deine Immobilien verkaufen, mit Grundschulden oder Dienstbarkeiten belasten darf, benötigst du eine notarielle Urkunde.

Testament: Wenn eine schwere Krankheit bekannt ist, kann man sich schon darauf mit vorbereitenden Maßnahmen einstellen und sollte sich auch über die Zeit nach seinem Tod Gedanken machen. Falls du ein Testament schreiben möchtest, solltest du es zeitnah tun. Ein Testament kann man zwar selbst handschriftlich schreiben, aber es empfiehlt sich, juristischen Rat einzuholen, damit sich deine Erben nach deinem Tod nicht streiten müssen. Das ist leider gar nicht so selten. Des Weiteren ist mein Rat, die Erben über die Regelungen schon zu Lebzeiten zu informieren.
Du bist verheiratet und denkst, du brauchst kein Testament? Auch hier kann man sich irren. Denn wenn nur ein Ehepartner stirbt, erben die Kinder im Normalfall zur Hälfte mit. Um das zu verhindern, kann man ein Berliner Testament erstellen. Dann erbt erst der überlebende Ehegatte und nach dessen Tod die Kinder. Wenn du keine Kinder hast, ist ein Testament ebenfalls wichtig, denn das deutsche Erbrecht ist ein Familienerbrecht. Das bedeutet, ohne Testament erbt nicht nur dein Ehepartner, sondern auch deine Eltern und Geschwister oder sonstigen Verwandten.

Der Notfallordner

Medizinische und allgemeine Vorsorge sind ernst zu nehmende Themen. Sowohl für dich als auch für deinen Angehörigen. So kann mit gezielter und notwendiger Versorgung der allgemeine Krankheitsverlauf stabil gehalten werden. Ich empfehle dir, neben den obengenannten Dokumenten auch eine gesonderte Mappe mit allen wichtigen medizinischen Unterlagen in Kopie anzulegen und die Patientenverfügung sowie die Vorsorgevollmacht ebenfalls dort abzuheften. Bewahre diese Notfallmappe sorgfältig auf, damit im Ernstfall eine Versorgungslücke durch fehlende Informationen vermieden werden kann.

Diesen Notfallordner zu erstellen, kann herausfordernd sein und einiges von dir abverlangen, da ihr euch besonders bezüglich der Patientenverfügung und des Testaments mit elementaren Fragen auseinandersetzen müsst. Leider schieben deswegen viele pflegende Angehörige es auf, diese wichtigen Dokumente für sich und für den Angehörigen zu beschaffen. Aber jetzt wäre die richtige Zeit, dich nach und nach darum zu kümmern, damit du nicht gezwungen bist, schnelle und unüberlegte Entscheidungen aus der Not heraus zu treffen.

Hier eine kleine Checkliste, die dir helfen kann, den Überblick zu behalten, was du bereits erledigt hast und an was du noch denken solltest.

CHECKLISTE NOTFALLORDNER

Habe ich bereits einen Notfallordner angelegt?

Ja ☐ Nein ☐

Wissen Familie, engste Vertraute, wo der Ordner zu finden ist?

Ja ☐ Nein ☐

Folgende Inhalte enthält mein/unser Notfallordner:

- [ ] Wichtige Verträge
- [ ] Meine Vorsorgevollmacht und die meines zu pflegenden Angehörigen
- [ ] Meine Patientenverfügung und die meines zu pflegenden Angehörigen
- [ ] Festlegung zur Organspende
- [ ] Wünsche zur Bestattung
- [ ] Mein letzter Wille (Testament) und der meines zu pflegenden Angehörigen

Eine wertvolle Hilfe ist auch die kostenlose Notfallmappe »Ich bin vorbereitet« von Beruf und Familie (Website siehe Anhang Seite 179), die eine praktische Übersicht von Punkten liefert, an die es zu denken gilt.

Zu guter Letzt

Danke, dass du dich für dieses Buch entschieden hast, denn genau für dich habe ich es geschrieben. Du hast eine Entscheidung getroffen, für deinen Angehörigen da zu sein, und du gibst dafür dein Bestes. Du kannst wirklich stolz auf dich sein. Ich hoffe, ich konnte dir mit diesem Buch Anleitung und Inspiration geben, wie du bei der Pflege gesund und entspannt bleiben kannst. Es war mir ein Anliegen, auf die Herausforderungen und Belastungen einzugehen, mit denen jeder pflegende Angehörige täglich zu kämpfen hat, und dir Werkzeuge an die Hand zu geben, um deine Gesundheit und dein Wohlbefinden zu erhalten.

Selbstfürsorge ist kein Luxus, sondern eine Notwendigkeit. Auch wenn du nicht genau weißt, welche Veränderungen die Erkrankung im Detail mit sich bringen wird, bist du nun gerüstet, um den Weg mit deinem Angehörigen voller Achtsamkeit und Liebe weiterzugehen. Genießt die gemeinsame Zeit, entdeckt euch neu, lacht, weint und sprecht miteinander, egal, ob mit Worten oder auf anderen Wegen, die uns unsere wunderbaren Sinne möglich machen.

Abschließend möchte ich allen pflegenden Angehörigen danken, die sich Tag für Tag liebevoll um ihre bedürftigen Familienmitglieder kümmern. Eure Hingabe und Opferbereitschaft sind bewundernswert. Ihr seid wahre Helden des Alltags, und eure wichtige und herausfordernde Arbeit verdient Anerkennung und Unterstützung.

Ich hoffe, dass dieses Buch dir dabei geholfen hat, deine eigene Achtsamkeitspraxis zu entwickeln, und dich daran erinnert hat, wie wichtig es ist, auf dich zu achten. Denn nur wenn du selbst gesund und ausgeglichen bist, kannst du deine Lieben bestmöglich unterstützen.

Denk daran, dass es in Ordnung ist, um Hilfe zu bitten und dir Auszeiten zu nehmen. Niemand kann alles allein bewältigen, und es ist keine Schwäche, um Unterstützung zu bitten. Nimm dir Zeit für dich, um aufzutanken und neue Energie zu schöpfen.

Ich hoffe, dass dieses Buch dich ermutigt hat, deine Rolle als pflegende Angehörige von nun an mit mehr Achtsamkeit und Selbstfürsorge anzugehen. Du bist nicht allein auf diesem Weg, und es gibt viele Ressourcen und Unterstützungsmöglichkeiten, auf die du zurückgreifen kannst. Du bist wertvoll und unentbehrlich. Genau DU machst den Unterschied für deinen Angehörigen.

Vielleicht schreibst du mir über deine Erfahrungen und lässt mich an deinem neuen Leben teilhaben? Meine E-Mail-Adresse findest du im Anhang. Über Post von dir würde ich mich sehr freuen.

Danksagung

Einen ganz besonderen Dank möchte ich meinen Eltern aussprechen: Ihr habt mich in meinem Leben nicht nur begleitet, sondern mir ganz viele wunderbare Werte mit auf den Weg gegeben. Ich konnte bis jetzt immer auf euch zählen und mich auf euch verlassen, und ich danke euch für eure bedingungslose Liebe und Wertschätzung. Ihr habt einen großen Anteil daran, dass ich mein Leben heute nach meinen Wünschen und Vorstellungen leben kann. Ihr seid für mich als Eltern ein großes Vorbild, denn ihr habt mir beigebracht, dass jeder Mensch einzig- und großartig ist und man sich nicht kennen muss, um füreinander da zu sein.

Liebe Lydia und lieber Samuel, ihr zwei wundervolle Herzensmenschen: Ich danke euch von ganzem Herzen, dass ihr mich bei meinem Buchprojekt so tatkräftig unterstützt habt und mir immer den Rücken freigehalten habt. Einen ganz besonderen Dank geht an dich, liebe Lydia, dass du so viel Verständnis und Geduld für mich in dieser Zeit aufgebracht hast. Daher muss ich dir einfach sagen, dass du der achtsamste Mensch bist, den ich kenne, und ich danke dir für jeden Rat, für jede gemeisterte Herausforderung und für dein unerschütterliches Vertrauen in meine Arbeit.

Ich bin so dankbar für die vielen lieben und wunderbaren Menschen, die mich auf diesem Weg begleitet und gestützt haben. Ohne euch – Familie, Freunde und Weggefährten – wäre *Die Kraft der Achtsamkeit* nur eine Idee geblieben. Eure Ermutigung, das Feedback und die unzähligen Stunden des Zuhörens und Diskutierens haben dieses Buch möglich gemacht. Daher möchte ich auch dem Irisiana Verlag und der Projektleiterin Inga Heckmann, die mir mit so viel Enthusiasmus, Geduld und Achtsamkeit zur Seite gestanden hat, einen großen Dank aussprechen.

Die Kraft der Achtsamkeit für pflegende Angehörige ist nicht nur ein Ratgeber, sondern auch ein achtsamer Wegbegleiter.

Möge dieses Werk allen Leserinnen und Lesern als Anker in stürmischen Zeiten dienen.

Herzlichen Dank.
Katrin Beckmann

Infos, Empfehlungen und Tipps

Anlaufstellen für pflegende Angehörige

Wege zur Pflege – Informationsportal des Bundesfamilienministeriums

Anonyme Beratung unter anderem zu folgenden Themen: Pflegeorganisation, Einrichtungen und Dienste, Regelungen Pflegezeit, Auszeiten für pflegende Angehörige, Unterstützungsangebote

Pflegetelefon

Mo–Do, 9–18 Uhr, Tel.: 030–20179131
E-Mail: info@wege-zur-pflege.de
www.wege-zur-pflege.de
www.serviceportal-zuhause-im-alter.de

Familienpflegezeit-Rechner des Ministeriums

zur Ermittlung der möglichen Darlehenshöhe:
www.wege-zur-pflege.de/familienpflegezeit/rechner.html

Beantragung von Hilfen

www.bayernportal.de/dokumente/leistung/272090423446?localize=false
www.deinepflege.de
www.bundesgesundheitsministerium.de/pflegegeld

BIVA, der Pflegeschutzbund

ist eine starke Interessenvertretung, wenn es Probleme innerhalb der Pflege gibt, unabhängig, gemeinnützig und fachkundig. BIVA berät individuell zu rechtlichen, finanziellen und allgemeinen Problemen im Pflegebereich.

BIVA e. V.
Siebenmorgenweg 6–8, 53229 Bonn
Tel.: 0228-909048-44
E-Mail: info@biva.de
www.biva.de

Sozialverband VdK Deutschland e. V.

Bietet Unterstützung bei der Beantragung einer Reha für pflegende Angehörige:
VdK Bundesgeschäftsstelle
Linienstraße 131, 10115 Berlin
Telefon: 030 9 210 580-0
Telefax: 030 9 210 580-110
www.vdk.de

Die Deutsche Alzheimer Gesellschaft

engagiert sich für ein besseres Leben mit Demenz und berät Menschen mit Demenz und ihre Familien in allen Fragen. Im Internet findest du ein bundesweites Adressenverzeichnis von Beratungsstellen in deiner Nähe. Auch gibt es ein Alzheimertelefon, um schnell und kostenfrei Hilfe zu erhalten.

Deutsche Alzheimer Gesellschaft e. V.
Selbsthilfe Demenz
Keithstraße 41, 10787 Berlin
Tel.: 030-259 37 95 0
Fax: 030-259 37 95 29
E-Mail: info@deutsche-alzheimer.de
www.deutsche-alzheimer.de

Demenzhilfe Deutschland
www.demenzhilfe-deutschland.de

Desideria Care e. V.
setzt sich für eine demenzfreundliche Gesellschaft ein und sensibilisiert für das Thema Demenz, indem der Verein die Situation und Leistung der Angehörigen für die breite Öffentlichkeit sichtbar macht.
Desideria Care e. V.
Lessingstraße 5, 80336 München
Tel.: 089-59 99 74 33
www.desideriacare.de
info@desideria.org

Bayerisches Staatsministerium für Gesundheit, Pflege und Prävention
www.stmgp.bayern.de

Pflegewegweiser – kompetente Beratung von Fachkräften
www.pflegewegweiser.de/

Das Silbernetz: Einfach mal reden

Silbernetz e.V.
Wollankstraße 97, 13359 Berlin
Tel.: 0800-4 70 80 90
www.silbernetz.org

Tipps rund ums Thema Pflege

Pflegeberatungen

VP Verbund Pflegehilfe
Inge-Reitz-Straße 5–7, 55120 Mainz
Tel.: 06131-49 32 040
www.pflegehilfe.org
E-Mail: info@pflegehilfe.de

Compass – Private Pflegeberatung
Gustav-Heinemann-Ufer 74 c, 50968 Köln
Telefon: 0221-93332 0
Fax: 0221-93332 500
Mail: info@compass-pflegeberatung.de
www.compass-pflegeberatung.de

Hausengel Holding GmbH
24-Stunden-Betreuung
Tulpenweg 1, 35085 Ebsdorfergrund-Heskem
Tel. (auch im Notfall): 06424-92 83 70
Fax: 06424-92 83 770
E-Mail: info@hausengel.de
www.hausengel.de

Küffel GmbH – Pflege zu Hause
Steindamm 9, 20099 Hamburg
Tel.: 040-2800 8540
Fax: 040-2800 854 10
E-Mail: kontakt@pflegezuhause.info
www.pflegezuhause.info

Pflegehelden Franchise GmbH
Emmy-Noether-Straße 17, 25524 Itzehoe
Tel: 04821-659 901 439
Fax: +49 (0)4821-80 40 3-21
E-Mail: info@pflegehelden.de
www.pflegehelden.de

Die neuesten Themen rund um die Pflege
www.ppm-online.org

Notfallmappe
www.berufundfamilie.de/forms/33-jinbound-landing-pages/16-notfallmappe

Infoportal für pflegende Angehörige
www.pflege-durch-angehoerige.de
Mit Blog der Autorin
Beratung durch den Pflegelotsen
Telefon: 07195-982 9999

Zuzahlungsfreie Pflegehilfsmittel

ProSenio Pflegebox

Ab Pflegegrad 1 hast du einen gesetzlichen Anspruch auf monatliche Pflegehilfsmittel (Handschuhe, Desinfektionsmittel, saugfähige Unterlagen u. v. m.) im Wert von bis zu 40 Euro. Durch diese Produkte wird in der häuslichen Pflege die nötige Hygiene und Selbstbestimmung gewährleistet. Die Pflegebox ist zuzahlungs- und versandkostenfrei und kann monatlich nach deinen Bedürfnissen abgeändert werden.

ProSenio GmbH:
www.pflegebox.de
Telefon: 030-863 235 451

Tagespflege und Pflegedienste finden:

Deutsches Rotes Kreuz
www.drk.de/hilfe-in-deutschland/senioren/pflege-und-betreuung/tagespflege/

AOK
www.aok.de/pk/pflegenavigator/
www.aok.de/pk/tagespflege-in-der-naehe/

Seniorenportal
www.seniorenportal.de/tagespflege-suche

Bayerisches Staatsministerium für Gesundheit und Pflege
www.stmgp.bayern.de/pflege/pflege-zu-hause/ambulante-pflegedienste/

Selbstfürsorge und Entlastung für pflegende Angehörige

Trainerin für Gesundheits- und Stressmanagement/ Burn-out-Beraterin
Katrin Beckmann
Demenz-Coachin
Tel. 0981-21414336
Mobil: 0176-95547060
www.demenzfreileben.de
info@demenzfreileben.de

Frankenland-Alpaka
Sebastian und Anne Weeger
Gerbersdorf 12, 91732 Merkendorf – Gerbersdorf
Mobil: **0151-62616788**
info@frankenland-alpaka.de
www.frankenland-alpaka.de

Zertifizierte Nährstoffexpertin
Alexandra Herlbauer
JOY NATURALS GmbH
Mayrwiestraße 27, 5300 Hallwang, Österreich
Telefon: +43 (0)662 275 0 15
Mobil.: +43 (0)664 123 13 17
Webseite: www.joy-naturals.de
E-Mail: info@joynaturals.de
Mehr Infos: Podcast-Empfehlungen auf Spotify (Seite 186 f.)

Ernährungsberaterin
Petra Michel
Heidmühlenweg 114 a, 25336 Elmshorn
Telefon: 04121-49 17 67
E-Mail: info@invita-point.de
www.basisch-gesund-leben.de
Mehr Infos: Podcast Empfehlungen auf Spotify (Seite 186 f.)

Rechtsanwältin (Patientenverfügung, Vorsorgevollmacht)
Christiane Brzoska
E-Mail: brzoskaberatung@gmx.de
Tel. 06182/640918
Mobil 0175/9531789
www.patientenverfuegung-brzoska.de

Progressive Muskelentspannung
www.tk.de/techniker/magazin/life-balance/aktiv-entspannen/progressive-muskelentspannung-zum-download-2021142?tkcm=aaus

Stressampel nach Kaluza
www.coachinglovers.com/coaching-tool/stressampel-nach-kaluza/

Meditations-Apps (erhältlich in allen App-Stores)

- Headspace
- 7Mind
- Take a Break
- Calm
- BetterSleep
- Ballon
- Insight Timer

Digitale Pflegebegleiter (Apps und Software)

Media4Care

Mit der Media4Care-Software oder der App für Tablets kannst du deinen Angehörigen sinnvoll beschäftigen, dich selbst fit halten und den Kontakt zu Familie und Freunden aufrechterhalten.

Media4Care GmbH
Friedelstraße 40, 12047 Berlin
Telefon: 030 5679 5677
www.media4care.de
E-Mai: info@media4care.de

Nui – die Pflegeleicht-App

Nui hilft bei der Organisation der Pflege; mit Ratgeber, intelligenten Assistenten und vielem mehr.
www.nui.care

Mediteo-App

Digitale Unterstützung für Gesundheit und Medikamenten-Management
Zusätzlich zur Erinnerungsfunktion besteht die Möglichkeit, medizinische Messwerte zu dokumentieren und Gesundheitstermine zu verwalten sowie Kontaktdaten von Ärzten und Apothekern zu hinterlegen.
www.mediteo.com

Urlaub und Reha für pflegende Angehörige

Deutsche Alzheimer

www.deutsche-alzheimer.de/fileadmin/Alz/pdf/Flyer_und_Dokumente/Urlaubsreisen_DAlzG.pdf

Betreuter Urlaub für pflegende Angehörige
www.pflege.de/pflegende-angehoerige/pflegehotels/
Urlaubsidylle-Alb GmbH
Sabine Seckinger
Morgenäckerweg 5, 72574 Bad Urach
Telefon: 07125-946 760
Telefax: 07125-309 233
E-Mail: info@urlaubsidylle-alb.de
www.urlaubsidylle-alb.de

Info Verhinderungspflege
www.bundesgesundheitsministerium.de/verhinderungspflege

Reha für pflegende Angehörige
Infos zu Antrag und Möglichkeiten
www.pflegebox.de/ratgeber/pflegende-angehoerige/reha-fuer-pflegende-angehoerige/
www.qualitaetskliniken.de/reha-haeufige-fragen/reha-fuer-pflegende-angehoerige/

Pflegekurse für pflegende Angehörige

Kostenfreie Kursreihe: Begleitung im Andersland

Wörheide online GmbH
Albrechtstraße 7, 49076 Osnabrück
www.woerhei.de

Präsenzkurse:
Dipl. Gerontologin Reinhild Wörheide
Telefon: +49(541) 999 880-60
Mobil: +49(171) 6 938 880
E-Mail: r.woerheide@woerhei.de

Online-Kurse:
Bernd Zerhusen
Telefon: +49(541) 999 880-66
Mobil: +49(160) 7 852 209
b.zerhusen@woerhei.de

Curendo-Pflegecoach
Töchter & Söhne Gesellschaft für digitale Helfer mbH
Fuggerstr. 19, D-10777 Berlin
Telefon: 030-609 867 540
E-Mail: info@toechtersoehne.com
www.toechtersoehne.com

Besser Wohnen im Alter

Online-Portal für Pflege und Wohnen im Alter

www.wohnen-im-alter.de

Magazin Wohnen und Leben im Alter

www.news.wohnen-im-alter.de

Blog der Autorin bei Wohnen-im-Alter.de

www.news.wohnen-im-alter.de/2024/01/vorstellung-demenzexpertin-katrin-beckmann/

Komfortabler Badumbau

Badelix
Heinrichsburgstraße 39, 92348 Berg bei Neumarkt in der Oberpfalz
Tel.: 09189-4 390 686
www.badelix.de

Einbau von Treppenliften

Liftstar GmbH
Horbeller Straße 33, 50858 Köln
Telefon: 0800-40 90 999
E-Mail: kundendienst@liftstar.de, www.liftstar.de

Podcast-Empfehlungen auf Spotify

Podcast der Autorin

Beckmanns Talk: für alle, die das Leben lieben. Podcast rund um die Themen: Besser älter werden, Pflege, Demenz und Prävention

Basentante – Das Leben darf leicht sein

Der Podcast mit basischer Ernährung
Folge 58: Wie kann ich Demenz vorbeugen – mit Demenz-Coachin Katrin Beckmann

Leben – Lieben – Pflegen

Der Podcast, der Angehörigen von Demenzerkrankten eine Stimme gibt. Mit Isabel Hartmann, Anja Kälin, Peggy Elfmann

Denkmuster auflösen mit The Work

Pure me – Der Podcast für mehr Selbstliebe und Achtsamkeit

Ganz schön mutig

mit Melanie Wolfers, Bestsellerautorin, Seelsorgerin und Mutmacherin

Der Demenz-Podcast

mit Christine Schön. Tipps rund ums Thema pflegende Angehörige und Demenz

Der 7-Mind-Podcast

Bewusst, achtsam und gelassen – mit Rene Träder

Filme zum Thema Demenz

Die Musik meines Lebens – Alive Inside: berührender Dokumentarfilm über die heilende Kraft der Musik (2014). Filmemacher Rossato-Bennett begleitet über mehrere Jahre die Arbeit von Dan Cohen, Gründer des Programms *Music & Memory*, das mithilfe von personalisierter Musik Menschen mit Alzheimer für kurze Momente aus ihrer Isolation holt.

Das Leuchten der Erinnerung: Spielfilm von Paolo Virzì (2017). Ella (Helen Mirren) und John (Donald Sutherland) sind schon viele Jahre verheiratet. Um ein letztes richtiges Abenteuer zu erleben, beschließen die beiden, sich in ihrem Oldtimer-Wohnmobil auf die Reise entlang der US-Ostküste – von Boston bis nach Florida – zu begeben.

Honig im Kopf von Til Schweiger (2014). Tilda will ihren geliebten Opa Amandus (Didi Hallervorden), der zunehmend dement wird, vor dem Pflegeheim retten. Sie gehen zusammen auf Amandus' letzte Reise an seinen Sehnsuchtsort Venedig.

Mein Vater mit Götz George aus dem Jahr 2003. Jochen nimmt seinen Vater Richard (Götz George) in seinem Familienreihenhaus auf. Schnell stellt sich heraus, dass Richard an Demenz erkrankt ist. Seine fortschreitende Krankheit stellt die gesamte Familie und ihr Leben auf den Kopf.

Das Blaue vom Himmel: deutscher Spielfilm von Hans Steinbichler (2011). In den Hauptrollen: (Sofia) Juliane Köhler muss ihre demente Mutter Marga (Hannelore Elsner) aus der Psychiatrie abholen und beschließt, sie bei sich aufzunehmen. Im Laufe der Zeit erfährt die Tochter Aufwühlendes aus Margas Vergangenheit und muss sich der Familiengeschichte stellen.

Buchempfehlungen

Carina Frey: *Pflege zu Hause organisieren – Was Angehörige wissen müssen.* Verbraucherzentrale NRW, Düsseldorf 2017

Ingrid Hametner: *100 Fragen zum Umgang mit Menschen mit Demenz: Diagnostik & Symptome – Kommunikation & Hilfe – Krisen & Interventionen.* Schlütersche, Hannover 2018

Bettina Tietjen: *Unter Tränen gelacht: Mein Vater, die Demenz und ich.* Piper, München 2016

Sabrina Herber: *Aromatherapie in der häuslichen Pflege: Handbuch für die Aromapflege.* Joy Verlag, Oy-Mittelberg 2017

Natali Mallek und Annika Schneider: *Wahrnehmungsspiele für alle Sinne, Beschäftigung und Gedächtnistraining für Senioren mit Demenz.* Singliesel, Karlsruhe 2019

Jon Kabat-Zinn: *Im Alltag Ruhe finden.* Droemer, München 2019

Gert Kaluza: *Gelassen und sicher im Stress.* Springer, Berlin 2023 (aktualisierte Auflage)

Statistik und Infos

Die Häufigkeit von Demenzerkrankungen

www.deutsche-alzheimer.de/fileadmin/Alz/pdf/factsheets/infoblatt1_haeufigkeit_demenzerkrankungen_dalzg.pdf

Medikamente im Alter

www.wido.de/news-presse/pressemitteilungen/2023/jeder-zweite-aeltere-mensch-erhaelt-pim/
www.aerzteblatt.de/archiv/229048/Potenziell-inadaequate-Medikation-fuer-aeltere-Menschen-PRISCUS-2-0

Nichtmedikamentöse Therapien

Ätherische Öle

www.primaveralife.com/news/aetherische-oele-in-der-pflege
www.natuerlich.thieme.de/therapieverfahren/aromatherapie/detail/traeger-von-dueften-und-hoffnungen-1213
www.essence.de/wissen/anwendungsgebiete/pflege/

Lichttherapie

www.bfs.de/DE/themen/opt/anwendung-medizin-wellness/tageslichtlampen/tageslichtlampen_node.html

BecksLife-Methode nach Katrin Beckmann

www.demenzfreileben.de/

The Work nach Byron Katie

www.thework.com/sites/de/

Therapeuten und Coaches:

www.therapeutenfinder.com/therapeuten/the-work-nach-byron-katie/

Über die Autorin

Katrin Beckmann ist Demenz- und Präventionscoachin sowie Trainerin für Gesundheits- und Stressmanagement. Sie begann ihre berufliche Laufbahn mit einer Ausbildung zur examinierten Altenpflegerin. Es folgten Aus- und Weiterbildungen zur Demenz-Coachin sowie Trainerin im Bereich Stress- und Gesundheitsmanagement und Burn-out-Beratung. Katrin Beckmann hält Impulsvorträge und Workshops zu verschiedenen Themen wie Resilienz, Achtsamkeit für pflegende Angehörige, Demenz erkennen und verstehen sowie zur Prävention von Demenzerkrankungen. Darüber hinaus bietet sie Einzel- und Gruppen-Coachings für Privatpersonen und Unternehmen zum Umgang und zur Kommunikation mit und bei Demenz an.

Die Autorin hat die *BecksLife-Methode* entwickelt, einen innovativen Ansatz zur Unterstützung von pflegenden Angehörigen und zum gezielten Umgang mit Menschen mit Demenz.

Wenn du mehr über dieses lebensverändernde Konzept und seine praktische Umsetzung erfahren möchtest, kontaktiere die Autorin gern per Mail: info@demenzfreileben.de

Viele weitere Informationen zur Autorin und zu ihrem breitgefächerten Angebot findest du auf ihrer Homepage:

www.demenzfreileben.de

1. Auflage

Satz: GGP Media GmbH, Pößneck
Herstellung: Timo Wenda
Projektleitung: Inga Heckmann
Korrektorat: Nadine Hecht
Umschlaggestaltung: OH JA!, München, unter Verwendung eines Motivs von © shutterstock/PinkPueblo, autumn
Druck und Bindung: GGP Media GmbH, Pößneck
Printed in Germany
ISBN 978-3-424-15452-8

MIX
Papier | Fördert gute Waldnutzung
FSC® C014496

Penguin Random House Verlagsgruppe FSC® N001967